DE

L'HYPOTHÈQUE LÉGALE

DE LA FEMME MARIÉE

PAR

P. ALFRED BERNARD

POITIERS

FACULTÉ DE DROIT DE POITIERS.

DE

L'HYPOTHÈQUE LÉGALE

DE LA FEMME MARIÉE.

THÈSE

PRÉSENTÉE A LA FACULTÉ DE DROIT DE POITIERS

POUR OBTENIR LE GRADE DE DOCTEUR

ET SOUTENUE LE 8 JUILLET 1869 A 2 HEURES DU SOIR,

DANS LA SALLE DES ACTES PUBLICS DE LA FACULTÉ

Par P. Alfred BERNARD

AVOCAT A LA COUR IMPÉRIALE.

POITIERS

HENRI OUDIN, IMPRIMEUR LIBRAIRE

RUE DE L'ÉPERON, 4.

1869

COMMISSION :

PRÉSIDENT, M. BAUDRY LACANTINERIE.

SUFFRAGANTS :	M. BOURBEAU (O. ✻), DOYEN.		
	M. RAGON.		PROFESSEURS.
	M. LEPETIT ✻.		
	M. THÉZARD.		AGRÉGÉ.

A MON PÈRE ET A MA MÈRE.

INTRODUCTION.

La femme, par suite du mariage, est soumise à l'influence de son mari. Dans la dépendance complète où elle se trouve placée à son égard, il lui serait bien difficile d'en stipuler, pour garantir le recouvrement de ses créances, les sûretés que tout créancier, maitre de ses droits, est libre de se faire accorder par son débiteur. Et même lui supposerait-on l'énergie nécessaire pour prendre elle-même le soin de sauvegarder ses intérêts, elle serait presque toujours retenue par la crainte de déplaire à son mari et de provoquer dans le ménage la désunion et des mésintelligences si préjudiciables à la prospérité conjugale.

Il est bien vrai que la femme, avant que le mariage soit célébré, au moment donc où elle possède encore son entière liberté, pourrait exiger de son mari une hypothèque conventionnelle; mais cet acte de défiance aurait quelque chose de blessant pour l'homme avec lequel elle consent à s'associer. Le plus ordinairement, du reste, au jour du mariage, la femme a une confiance entière dans son mari; ce n'est que par la suite qu'elle peut concevoir des inquiétudes, quand elle s'aperçoit de sa mauvaise administration.

Et, enfin, serait-il logique que la femme songeât à réclamer de son mari des garanties pour ses intérêts pécuniaires, alors qu'elle n'hésite pas à lui confier sa personne en l'acceptant pour époux ?

Il n'est donc pas extraordinaire que le législateur français se soit préoccupé d'une façon particulière de la position exceptionnelle que le mariage crée à la femme et qu'il ait voulu lui-même veiller à la défense de ses droits.

En lui accordant une hypothèque légale, pour assurer le payement de ses créances, il ne fait que compléter ces mesures de protection qu'il avait inaugurées déjà pour elle, en la frappant d'incapacité relativement à ses biens.

Les sûretés que la loi confère à la femme, à raison de ses biens vis-à-vis de son mari, tirent leur origine du droit romain.

A Rome, dans l'ancien droit, la femme mariée n'avait qu'un privilège; ce n'était pas un privilège avec ce droit absolu de préférence, tel que l'a consacré notre loi française, mais un privilège purement personnel *privilegium inter personales actiones*. Par là, elle était préférée aux créanciers chirographaires, mais non aux créanciers hypothécaires du mari.

Justinien, qui mérita si bien le surnom de « *uxorius legislator* », accorda à la femme un droit exorbitant : il lui conféra une hypothèque tacite primant toutes les hypothèques consenties par le mari, même antérieurement au mariage. C'était là, il faut le reconnaître, une rétroactivité bien injuste. Un créancier, qui a eu recours à tous les moyens que la loi mettait à sa disposition pour se garantir contre l'insolvabilité de son débiteur, sera privé de ses droits parce qu'il aura plu à celui-ci de se marier et de dissiper la dot de sa femme!

La loi du 11 brumaire an VII admit l'hypothèque légale, mais, par une rigueur outrée, avec la formalité de l'inscription.

Les rédacteurs du Code Napoléon se sont mis en garde contre les exagérations et de la législation justinienne et de la loi de brumaire; d'un côté, ils ont repoussé la faveur scandaleuse dont jouissait, sous Justinien, l'hypothèque de la femme; d'autre part, l'exigence de la loi de brumaire n'a pas été reproduite : sous l'empire du Code Napoléon, l'hypothèque légale de la femme mariée est dispensée d'inscription; elle ne prime pas celle des créanciers hypothécaires du mari antérieurs au mariage.

L'hypothèque légale de la femme a été le sujet de bien des critiques. Les uns ont vu, dans la dispense d'inscription, une complaisance excessive du législateur; les autres ont attaqué le principe même de l'hypothèque légale.

Ne semble-t-il pas, au contraire, que tous, aujourd'hui, devraient être unanimes pour applaudir aux dispositions de la loi, qui réglementent d'une manière si sage les droits de la femme et les sûretés destinées à en assurer l'efficacité?

Dira-t-on que l'hypothèque légale avec son caractère de généralité est destructive du crédit du mari; qu'elle tend à éloigner et les acquéreurs et les prêteurs de deniers ?

Mais le mari qui, lors de la célébration du mariage, possède une fortune plus que suffisante pour assurer l'exercice utile de l'hypothèque légale de sa femme, peut faire restreindre cette hypothèque dans le contrat de mariage. Les époux pourront convenir que les immeubles nécessaires pour garantir le recours de la femme resteront seuls grevés de l'hypothèque légale; que les autres immeubles en seront affranchis.

La loi va même jusqu'à prévoir le cas où la fortune du mari s'est accrue pendant le mariage; elle autorise les époux à réduire l'hypothèque légale, sous certaines conditions qu'elle détermine.

Là ne s'arrête pas encore la sollicitude du législateur. Le mari, qui n'a pas stipulé par son contrat de mariage la restriction de l'hypothèque, qui n'a pu en demander la réduction pendant le mariage, parce que ses immeubles n'excédaient pas notoirement les sûretés exigées pour la garantie des droits de la femme, a d'autres moyens de relever son crédit, quand l'hypothèque légale lui est préjudiciable. Nous voulons parler de la subrogation que la femme peut consentir à son hypothèque.

La loi du 23 mars 1855, en réglementant les modes de cessions et renonciations, a donné satisfaction à tous les intérêts.

Aujourd'hui le prêteur de deniers peut accepter un mari comme débiteur sans être exposé, s'il est prudent, à se voir primé par l'hypothèque légale de la femme ; celle-ci a le droit de lui céder son hypothèque.

Le tiers acquéreur d'un immeuble d'un mari n'a pas à redouter l'action hypothécaire de la femme s'il a obtenu d'elle une renonciation à son hypothèque légale.

Les attaques dirigées contre la dispense d'inscription ont été autrement vives encore. Sans y répondre ici, car nous revenons sur ces critiques au cours de notre travail, nous dirons seulement que faire dépendre l'efficacité de l'hypothèque légale de la nécessité de l'inscription, c'était de la part du législateur, retirer d'une main ce qu'il avait donné de l'autre. L'état de dépendançe de la femme, vis-à-vis de son mari, qui a motivé l'existence de l'hypothèque légale, sans qu'aucune convention n'intervînt, était une cause suffisante pour admettre la dispense d'inscription.

On a dit : Si l'on craint que la femme, par sa faiblesse, par sa légèreté d'esprit ou par sa négligence, ne puisse pas elle-même prendre inscription, une personne peut en être chargée, sous sa responsabilité personnelle : c'est le notaire.

Le notaire qui aura dressé le contrat de mariage prendra inscription sur les immeubles possédés par le mari à cette époque.

Le notaire qui dressera l'acte d'acquisition qui fait entrer, pendant le mariage, un immeuble dans le patrimoine du mari, requerra sur cet immeuble une inscription au profit de la femme.

Il nous semble que ces moyens sont bien peu réalisables dans la pratique.

Le notaire qui reçoit le contrat de mariage des époux devra, pour inscrire l'hypothèque de la femme, connaître tous les immeubles qui appartiennent au mari.

On ne saurait avoir foi dans l'exactitude des renseignements fournis par le mari à ce sujet ; il a trop intérêt à cacher la vérité.

Comment alors fera le notaire pour découvrir, d'une façon à peu près certaine, quelle est la fortune immobilière du ma ?

C'est lui imposer une responsabilité bien grave.

Pour le notaire qui dresse un acte d'acquisition, nous voyons moins d'embarras dans l'accomplissement de cette formalité de l'inscription. Il se rendra chez le conservateur et fera inscrire l'hypothèque de la femme sur l'immeuble qui est devenu la propriété du mari. Mais il faut alors supposer que toutes les ventes se feront par acte authentique.

Que de difficultés! et encore pour n'arriver qu'à une publicité incomplète !

Après ces préliminaires, les sûretés immobilières, telles que les rédacteurs du Code Napoléon les ont organisées en faveur des créances de la femme contre son mari, vont maintenant fixer notre attention.

Voici, en peu de mots, le programme que nous nous proposons de suivre dans l'étude que nous allons faire de l'hypothèque légale de la femme.

Nous nous occuperons, dans un premier chapitre, des femmes auxquelles l'hypothèque légale est attribuée.

Dans un second chapitre, nous passerons en revue les créances qui ont le bénéfice de l'hypothèque légale ; nous verrons que le droit commercial apporte certaines restrictions à l'hypothèque légale de la femme, relativement aux créances qu'elle peut exercer, en cas de faillite du mari.

Après nous être expliqué sur le rang hypothécaire des créances de la femme et sur la dispense d'inscription que le législateur a admise en sa faveur, nous arriverons au chapitre qui a pour rubrique : Biens que frappe l'hypothèque légale de la femme mariée.

Nous retrouverons encore ici ces restrictions à l'hypothèque légale de la femme, introduites par le Code de Commerce, lorsque le mari est en faillite; nous les étudierons, mais sous une face nouvelle, quant à l'étendue du gage immobilier.

Il est d'autres exceptions au principe de la généralité de l'hypothèque légale de la femme mariée que nous serons conduit à signaler en terminant ce chapitre : celles prévues par les art. 2140 et 2144 C. N. Il est question, dans ces articles, de la restriction de l'hypothèque légale de la femme, en faveur du mari.

Puis, nous entrerons dans la partie la plus difficile de notre thèse : celle qui a trait à la subrogation à l'hypothèque légale de la femme mariée. En raison des difficultés nombreuses du sujet, nous avons cru devoir y réserver une place importante dans notre travail.

Nous terminerons par l'exposé des modes d'extinction de l'hypothèque légale de la femme mariée. Nous traiterons spécialement de la purge : car, parmi ces modes d'extinction, il n'y a que la purge qui offre quelque chose de particulier à l'hypothèque légale de la femme.

Mais, avant de nous occuper de l'hypothèque de la femme mariée sous l'empire du Code Napoléon, nous devons tout d'abord rechercher quelles étaient, en droit romain, les garanties accordées à la femme pour la restitution de sa dot ; nous nous arrêterons plus longuement sur l'hypothèque légale au temps de Justinien : car les rédacteurs du Code Napoléon se sont beaucoup inspiré des principes de la législation de Justinien sur cette matière, quand ils ont réglementé les sûretés affectées aux droits de la femme.

Quelques notions historiques que nous donnerons sur l'hypothèque légale de la femme mariée, dans notre ancien droit et dans notre droit intermédiaire, nous serviront de transition pour arriver à l'étude que nous ferons de cette garantie accordée à la femme sous l'empire du Code Napoléon.

DROIT ROMAIN.

DES GARANTIES ACCORDÉES A LA FEMME

POUR LA RESTITUTION DE SA DOT

ET SPÉCIALEMENT

DE L'HYPOTHÈQUE LÉGALE SOUS JUSTINIEN.

DE L'HYPOTHÈQUE LÉGALE

DE LA FEMME MARIÉE

DANS L'ANCIEN DROIT ET DANS NOTRE DROIT INTERMÉDIAIRE.

DROIT ROMAIN.

DES GARANTIES ACCORDÉES A LA FEMME

POUR LA RESTITUTION DE SA DOT

ET SPÉCIALEMENT

DE L'HYPOTHÈQUE LÉGALE SOUS JUSTINIEN.

La dot, disent les jurisconsultes romains, *est quod mulier vel alius mulieris nomine præstat ad onera matrimonii sustinenda.*

Il est assez difficile de dire comment, à Rome, la dot prit naissance; le meilleur moyen, croyons-nous, de découvrir quelle en a été l'origine probable, est de faire à la hâte l'exposé de la constitution de la famille romaine.

Si nous nous reportons à l'époque où se forma le peuple romain, nous voyons que le *paterfamilias* avait un pouvoir absolu; la famille entière se résumait en lui; il était le maître souverain de ses enfants, de ses esclaves.

N'allons pas croire que le mariage fût une cause d'émancipation; imbus de nos idées modernes, nous nous méprendrions étrangement sur les mœurs et les lois romaines. Deux époux qui, au moment où ils se marient, se trouvent sous la dépendance de leur chef de famille, ne vont point, par le fait seul du mariage, constituer une autre famille dont le mari sera le chef. Le fils de famille ne continue pas moins, en se mariant, à rester sous la puissance du *paterfamilias*.

Quant à la femme, pour se représenter la situation nouvelle qui lui est faite, il faut distinguer le cas où le mariage est accompagné de la *manus* de celui où la femme ne passe pas *in manum mariti*.

Dans cette dernière hypothèse, la femme reste dans son ancienne famille, sous la puissance de son père ou sous la tutelle de ses agnats. Elle est une étrangère, pour ainsi dire, dans la maison de son mari; *ego sum hic hospita*, disait la belle-sœur de Cicéron qui avait contracté un mariage de cette nature. Le mari n'a aucun titre pour se mettre en possession des biens de sa femme; celle-ci ou ceux qui la détiennent sous leur empire en sont les seuls propriétaires.

Lorsqu'au mariage est venu se joindre la *coemptio* pour les plébéiens, *la confarreatio* pour les patriciens, ou lorsque le mariage a été suivi de la possession non interrompue de la femme pendant un an, la femme est alors passée *in manum mariti*. Une sorte d'adrogation ou d'adoption s'est opérée; elle entre dans la famille de son mari; elle y vient prendre la position qu'elle quitte dans la sienne. Tout ce qu'elle possède au jour du mariage, tout ce qu'elle acquiert depuis devient la propriété du mari. Pour elle aucun droit de propriété ne peut résider sur sa tête. Si nous supposons que le mari est *filiusfamilias*, il est quelque chose de plus choquant encore : le mari acquiert pour son père, donc la femme et tous ses biens passent au pouvoir du père ou peut-être de l'aïeul du mari.

Cet aperçu rapide nous permet d'entrevoir comment, vraisemblablement, s'est constituée la dot : quand aucune des formalités, que nous avons indiquées plus haut, n'a été accomplie, pour que la femme passe en la puissance de son mari, celui-ci n'acquiert rien de la fortune de sa femme. Ne dut-on pas alors, bientôt, remettre au mari une dot pour subvenir aux charges du mariage, et même l'idée de dot ne dut-elle pas aussi s'introduire, lorsque la femme passait *in manum mariti* et qu'elle n'avait pas de biens au moment du mariage. Le mari a un intérêt presque égal à recevoir une dot et dans le cas de mariage avec la *manus* et dans le cas de mariage sans la *manus*.

Voilà, suivant nous, l'origine de la dot. Ce ne sont là, il est vrai, que de pures conjectures ; dans tous les cas, on peut bien s'y arrêter ; elles découlent bien logiquement de l'organisation de la famille à Rome. D'un autre côté, si nous n'avons pas de textes à l'appui de notre hypothèse, il n'en existe certainement pas non plus pour nous contredire.

A l'origine, la dot fut acquise au mari aussi complètement que l'universalité des biens de la femme pouvait l'être dans le régime de la *manus*. La propriété des choses dotales était transférée au mari par la simple tradition, par la *mancipatio*, la *cessio in jure*, etc., suivant les cas. A la mort du mari, les choses dotales comme ses autres biens étaient recueillies par ses héritiers légitimes ou testamentaires.

On ne vit point d'inconvénients à ce que tous les

biens de la femme vinssent pour toujours se confondre avec ceux du mari, tant que le mariage ne prit fin que par la mort de l'un des époux ; mais quand les habitudes de divorce se multiplièrent, la position de la femme devint des plus critiques. Un homme en l'épousant pouvait acquérir toute sa fortune, et sous le moindre prétexte la quitter et la laisser sans ressource.

Pour venir en aide à la femme, on imagina les *actiones rei uxoriæ,* dans le but d'obtenir la restitution de la dot en cas de divorce. On étendit ensuite ces stipulations au cas de dissolution du mariage par le décès du mari ; enfin, sous Justinien, la restitution a lieu même au cas de prédécès de la femme. Plus tard, ces stipulations passèrent si bien dans les usages, qu'on finit par les sous-entendre.

Le principe de la restitution de la dot une fois admis, restait à édicter des lois qui en fussent la sanction. Mais, remarquons-le, elles ne furent pas faites en vue de protéger la femme contre sa faiblesse, de la mettre à l'abri des dilapidations du mari qui pouvaient entraîner la perte de sa fortune. Il y a dans les mesures prises par le législateur romain un but plus égoïste : *Reipublicæ interest mulieres dotes salvas habere, propter quas nubere possint.* Il faut que la femme puisse se remarier et donner encore des enfants à la République.

Ce ne sera que sous la législation justinienne que la femme obtiendra protection pour elle-même et dans son intérêt propre : aussi à cette époque la dot est restituée aux héritiers de la femme quand celle-ci est prédécédée.

Mais, il faut l'avouer, le motif qui déterminait le législateur à se préoccuper avant tout de l'intérêt public se conçoit aisément. Les divorces devenaient journaliers: il est facile de s'en convaincre en lisant ce qu'écrivait Sénèque : « *uxorem sua ætate non consulibus, sed maritis numerasse annos.* » Le mari ne cherche dans le mariage que le moyen de dévorer une dot ; après avoir ruiné la femme, il divorce avec elle.

On voit apparaître alors toutes ces lois tendant à encourager la procréation des enfants légitimes. Le célibat est puni ; on va même jusqu'à infliger une peine à ceux qui, quoique mariés, n'ont pas d'enfants. Il fallait, en outre, arrêter la fréquence des divorces. Le mari ne divorce avec sa femme que parce qu'il lui a absorbé sa dot ; il est un moyen de mettre un frein à ces désordres : c'est de rendre la dot inaliénable ; de cette façon, l'immobiliser aux mains du mari. L'inaliénabilité de la dot fut donc admise.

Nous ne dirons que quelques mots de l'inaliénabilité de l'immeuble dotal, qui est en quelque sorte une mesure préventive pour assurer à la femme la restitution de sa dot.

Le mari était obligé de rendre les biens dotaux à la dissolution du mariage, ou en même nature, qualité et quantité, ou bien l'estimation. Il devait l'estimation quand la dot était constituée en choses fongibles ou en choses mises à prix par le contrat ; il en était propriétaire, par conséquent pouvait en disposer comme bon lui semblait. Quand la dot était constituée en corps certains et non estimés, le mari devait la rendre en nature.

Dans l'ancien droit, les biens dotaux pouvaient être aliénés par le mari sans le consentement de sa femme ; il semblait que lui refuser ce droit, c'était lui enlever le principal attribut de la propriété. On le reconnaissait propriétaire de la dot, et il aurait été réduit au simple rôle d'usufruitier ! c'est inconciliable avec l'idée que les Romains se formaient d'un chef de famille.

Il a fallu des exemples fréquents, où le recours de la femme était rendu trop souvent illusoire pour qu'on osât porter atteinte au droit absolu du mari. Mais par suite de la difficulté qu'éprouvaient les femmes à contracter une nouvelle union, que les lois cependant encourageaient si énergiquement, une nouvelle loi sembla nécessaire pour mettre entrave au pouvoir qu'avait le mari d'aliéner l'immeuble dotal. La loi *Julia, de adulteriis et de fundo dotali*, parut ; c'est un plébiscite rendu au temps d'Auguste.

Cette loi exigea le consentement de la femme pour aliéner le fonds dotal, et elle en prohiba l'hypothèque même avec son consentement.

La loi *Julia* ne concernait que les propriétés italiques ; Justinien en étendit la prohibition aux fonds provinciaux et défendit l'aliénation aussi bien que l'affectation hypothécaire, même avec le consentement de la femme.

C'est la dot immobilière seule qui est inaliénable. L'aliénabilité de la dot mobilière n'a jamais fait de doute en droit romain.

Dans le but de conserver à la femme son immeuble dans son intégrité, les jurisconsultes avaient déclaré aussi inaliénables les démembrements de l'immeuble dotal.

L'aliénation directe n'est pas la seule interdite; le fonds dotal est imprescriptible. « Alienationis verbum « etiam usucapionem continet : vix est enim ut non « videatur alienare qui patitur usucapi. »

Mais quelle était la sanction des aliénations faites au mépris des prohibitions de la loi? Ce n'était pas toujours la nullité. L'aliénation était nulle quand la dot devait revenir à la femme; elle lui faisait retour, avant Justinien, au cas de divorce ou de prédécès du mari, ce qui a lieu, sous Justinien, même au cas de prédécès de la femme.

L'action conférée à la femme à l'aide de laquelle elle peut poursuivre la restitution du fonds dotal est l'action *rei uxoriæ*; l'immeuble dotal aliéné devra être reconstitué dans son intégrité, avec tous les droits réels qui existaient à son profit avant la constitution de dot.

La femme cependant, une fois le mariage dissous, peut ratifier l'aliénation ou d'une manière expresse ou même tacitement. On doit reconnaître une volonté assez manifestement exprimée chez la femme quand elle aura accepté le legs qui lui a été fait par son mari pour lui tenir lieu de dot ou bien quand elle aura accepté l'hérédité avec la charge du legs du fonds dotal.

La dot ne peut être réclamée par la femme qu'à la dissolution du mariage : car elle a été constituée pour venir en aide aux époux dans les charges qu'ils peuvent avoir à supporter dans le mariage ; tant que ces charges subsistent, la dot doit rester entre les mains du mari. Mais il est une exception à ce principe. Si, par suite du mauvais état de ses affaires le mari ne peut pas subvenir aux dépenses de sa femme et de sa famille ou si la dot est en péril, la femme pourra en exiger la restitution, bien que le mariage dure encore. On suppose alors, pour permettre à la femme de réclamer sa dot, que le divorce est intervenu; Justinien, dans la loi 30, au Code *de jure dotium*, nous apprend qu'il n'est plus nécessaire de recourir à cette fiction.

Il est à croire que les femmes n'usaient pas fréquemment de ce droit et que, pour qu'on songeât à y recourir, le divorce était trop facile, car la loi 24, *soluto matrimonio*, est le seul texte qui y soit relatif.

Justinien redoutait sans doute le danger qui pouvait résulter pour la femme de la restitution de sa dot, car dans la loi 29 au Code, *de jure dotium*, il prend, dans un cas particulier, des mesures pour que, d'un côté, la femme ne soit pas victime de l'insolvabilité de son mari et qu'en outre elle ne trouve pas une cause de ruine dans sa faiblesse et son inexpérience. Justinien suppose que, pour mieux assurer la restitution de sa dot, la femme a stipulé une hypothèque; que le mari est devenu insolvable; que la femme, désirant exercer son droit hypothécaire, en est empêchée par les créanciers postérieurs du mari, sous prétexte que le mariage n'est pas dissous et que par conséquent son droit n'est pas ouvert. Justinien décide que la femme peut exercer son droit; qu'elle sera envoyée en possession des objets qui lui sont hypothéqués; qu'elle les administrera; qu'elle emploiera les revenus à son entretien et à celui de sa famille; mais qu'il lui est interdit d'aliéner, tant que durera le mariage, les biens dont la possession lui sera remise.

Nous sommes porté à conclure de la lecture de cette

constitution que la femme, au cas d'insolvabilité du mari, ne peut pas demander que sa dot lui soit restituée et que les objets dont elle a stipulé l'hypothèque soient mis en vente. Ces biens entre ses mains restent inaliénables ; elle peut seulement en prendre possession et en toucher les revenus. On redoute avec raison, chez la femme, l'inexpérience qui pourrait être la cause de la perte de sa dot.

Dans l'année qui suivit celle où parut la loi 29 au Code, l'empereur accorde à la femme une hypothèque tacite sur les choses dotales, même lorsqu'elles ont été estimées; personne, sur ces biens, ne peut avoir une hypothèque préférable. C'est un véritable privilége pour la femme, si l'on continue de voir dans le mari, s'en tenant aux anciens principes, le propriétaire de la dot; c'est un droit de propriété, au contraire, si l'on s'en tient à la réalité, car la femme a droit à la revendication, à la dissolution du mariage.

Après une pareille constitution, la femme exerce son droit d'hypothèque privilégiée, si le mari devient insolvable. Mais cette hypothèque porte précisément sur les choses dotales, la femme rentrera donc en possession de sa dot, mais toujours à condition qu'elle ne l'aliénera pas, et qu'elle emploiera les revenus à son entretien et à celui de ses enfants.

Nous venons de voir quelles étaient les sûretés accordées à la femme pour la restitution de sa dot, pendant que le mariage dure encore ; nous allons nous occuper de la protection accordée à la femme dans l'exercice de son action en restitution, quand le mariage est dissous soit par le divorce, soit par la mort de l'un des époux.

La femme, sans qu'aucune stipulation ne fût intervenue, avait pour obtenir la restitution de sa dot une action nommée *rei uxoriæ*, donnée à toute personne ayant le droit d'exercer cette reprise, de quelque manière que la dot eût été constituée. A côté de cette action spéciale, une action générale, l'*actio ex stipulatu*, était souvent employée pour arriver au même résultat; la femme ou ceux auxquels revenait le droit de reprise stipulaient formellement du mari la restitution de la dot.

L'action *rei uxoriæ* était une action de bonne foi. Elle donnait lieu, au profit du mari, à certaines retenues, ou *propter liberos* ou *propter res donatas*, *propter impensas*, *propter res amotas*, *propter mores* quand le mariage était dissous pour cause de divorce par suite de la faute de la femme. Le mari pouvait ne restituer les choses appréciables au poids, au nombre ou à la mesure, qu'en trois ans et par tiers; il pouvait opposer le bénéfice de compétence; enfin la femme ne transmettait pas cette action à ses héritiers, à moins qu'elle n'eût mis son mari en demeure.

L'action *ex stipulatu*, au contraire, était de droit strict; elle ne supportait aucun des tempéraments qui rendaient l'exercice de l'action *rei uxoriæ* favorable au mari : aussi elle était fréquemment employée.

Jusqu'à Justinien, le droit romain ne reconnaissait à la femme pour la restitution de sa dot qu'un *privilegium*; ce privilège ne donnait à la femme un droit de préférence que sur les créanciers chirographaires. Le désir de voir la femme contracter un nouveau mariage donne l'explication de cette faveur encore bien limitée : aussi du mariage valable on l'étendit au cas de mariage déclaré nul, et au cas où la constitution de dot n'avait pas été suivie de mariage. En l'absence de ces motifs, il n'y a plus de privilége : aussi il n'existe pas pour les héritiers de la femme.

La femme n'avait pas d'autre droit de préférence que ce *privilegium ;* il faut reconnaître cependant que la loi Julia lui conférait d'une manière indirecte sur les immeubles dotaux un droit qui ne pouvait être primé par aucun autre. En effet, le mari ne pouvait grever d'hypothèques l'immeuble dotal, même avec le consentement de la femme. Quand donc elle n'avait pas consenti à son aliénation, elle le retrouvait dans le patrimoine du mari ; or, puisqu'elle ne se trouvait qu'en présence de créanciers chirographaires, elle était nécessairement payée sur cet immeuble de préférence à tous autres.

La femme pouvait stipuler de nouvelles garanties ; mais la loi, quand aucune convention n'intervenait, ne lui en accordait pas d'autres que celles que nous venons de signaler.

La législation, sur ce point, a été modifiée profondément par Justinien : elle est d'autant plus importante à étudier pour nous, qu'elle est la source des principes du Code Napoléon sur cette matière.

Nous avons déjà dit que les mesures prises par le législateur pour assurer la restitution de la dot avaient été inspirées par le désir de favoriser les seconds mariages ; Justinien, à une époque où le christianisme a fait justice de cette exagération, ou, sans les interdire absolument, il les voit avec défaveur. Justinien entrevoit un but plus digne de la grande mission confiée au législateur ; la femme n'est point assez forte pour se défendre elle-même ; il faut la protéger et lui assurer son bien-être ainsi que celui de ses enfants.

Il est à regretter que nous n'ayons pas à louer à l'égal du but les moyens qu'il emploie. La femme, sans doute, mérite toute l'attention du législateur quand il s'agit de sauvegarder ses intérêts alors qu'elle ne le peut faire elle-même ; mais il ne faut point aller jusqu'à sacrifier les droits des tiers légitimement acquis ; nous verrons cependant que l'empereur n'a point tenu compte de cette règle de justice.

Justinien, par la loi 30 au Code *de jure dotium*, en l'année 530, donne à la femme le droit de revendication et d'hypothèque privilégiée sur les choses dotales estimées ou non. Voici comment il s'exprime : « In rebus « dotalibus sive mobilibus, sive immobilibus, seu se « moventibus, si tamen extant, sive æstimatæ sive « inæstimatæ sint, mulierem in his vindicandis omnem « habere post dissolutum matrimonium prærogativam « jubemus et neminem creditorum mariti, qui ante- « riores sunt posse sibi potiorem causam in his, per « hypothecam vindicare, cum eadem res et ab initio « uxoris fuerint, et naturaliter in ejus permanserint « dominio. Non enim, quod legum subtilitate transitus « earum in patrimonium mariti videatur fieri, ideo rei « veritas deleta vel confusa est. Volumus itaque eam « in rem actionem in hujusmodi rebus quasi propriis « habere, et hypothecariam omnibus anteriorem possi-

« dere : ut sive ex naturali jure ejusdem mulieris res « esse intelligantur, sive secundum legum subtilitatem « ad mariti substantiam pervenisse videantur, per « utramque viam, sive in rem, sive hypothecariam, ei « plenissime consulatur. »

La loi 30 au Code ne parle que de la revendication des choses dotales ; mais la loi *Assiduis* semble aller plus loin et décider qu'il faut assimiler aux choses dotales les objets achetés avec l'argent de la dot : « licet res « dotales vel ex his aliæ comparatæ non extent »; ces mots, qui se trouvent dans la loi XII, au Code *qui potiores in pignore habeantur*, paraissent établir que, dans la pensée de l'empereur, la femme avait déjà une hypothèque privilégiée non-seulement sur les choses dotales, comme le dit expressément la constitution de 529, mais encore sur les choses acquises avec l'argent dotal. Cette interprétation nous fournit une explication de l'assimilation faite par Gaïus dans la loi 54 *de jure dotium*, au Digeste, des choses dotales et celles provenant de l'argent dotal; en insérant ce texte au Digeste, nous croyons que la commission présidée par Tribonien a voulu lui donner un sens général en harmonie avec la loi XXX au Code *de jure dotium*. Mais tel ne pouvait pas être évidemment le sens de cette assimilation dans la pensée de Gaïus lui-même.

La loi XXX au Code *de jure dotium*, qui accorde aux femmes, sur les choses dotales, une action hypothécaire qui leur donne rang sur les créanciers hypothécaires antérieurs du mari et le droit de revendication n'aurait aucun sens, si du temps de Gaïus les femmes avaient précisément ces deux avantages. Du reste, il est constant que, à l'époque où vivait ce jurisconsulte, la femme n'avait qu'une action personnelle munie d'un privilége par lequel elle ne primait que les créanciers chirographaires du mari. Pour expliquer donc l'idée de Gaïus lorsqu'il assimile aux choses dotales les choses achetées de l'argent dotal, il faut rechercher une autre application.

Pour découvrir cette application, on se sert de l'inscription du fragment qui porte : *Ad edictum prætoris urbani, titulo de prædiatoribus*. Les *prædiatores* dont il est question au titre de l'édit du préteur commenté par Gaïus étaient les acheteurs de fonds engagés ou hypothéqués à l'État et que celui-ci vendait quand le débiteur ne les avait pas dégagés en payant. Aux termes de la loi *Julia*, il était défendu au mari d'aliéner le fonds dotal sans le consentement de sa femme et de l'hypothéquer même avec ce consentement. L'hypothèque, par conséquent, accordée par le mari à l'État sur le fonds dotal et l'aliénation qui pouvait en être la suite seraient sans effet ; le mari qui aurait conservé la propriété pourrait la transférer à sa femme à la dissolution du mariage ; la femme aurait alors le droit de revendiquer le fonds dotal contre le *prædiator* adjudicataire. Peut-être bien que Gaïus a voulu dire que si le fonds hypothéqué par le mari était non un fonds dotal, mais un fonds acheté avec l'argent dotal, la femme pourrait s'opposer à ce qu'il fût mis en vente par l'État ou même agir contre le *prædiator* absolument comme si le fonds était dotal. Ce serait pour la femme une faveur exceptionnelle pour la conservation de sa dot.

De ce cas particulier pour lequel Gaïus aurait accordé

à la femme une sorte d'hypothèque privilégiée ou une revendication utile sur les immeubles achetés de l'argent dotal, Justinien a étendu à tous les cas le droit pour la femme de se prévaloir ou de l'hypothèque ou de la revendication sur les biens acquis avec l'argent dotal.

Cette explication, nous devons le dire, nous semble bien hasardée.

Pourquoi le législateur a-t-il introduit en faveur de la femme une hypothèque privilégiée sur les biens apportés en dot? Il semble en effet que le *privilegium inter personales actiones* était une garantie bien suffisante pour assurer à la femme préférence sur tous les créanciers du mari depuis la prohibition d'hypothéquer le fonds dotal; mais la femme ne pouvait être protégée que contre les hypothèques émanant du seul consentement de son mari. Mais il est d'autres hypothèques qui procèdent de la seule volonté de la loi et qui pouvaient atteindre le fonds dotal comme tout autre bien du débiteur: ce sont des hypothèques nécessaires échappant au sénatus-consulte velléien, puisque la loi *Julia* ne prohibait pas les aliénations de la même espèce; c'est en vue de ces aliénations que la loi XXX offre une utilité.

Cette hypothèque privilégiée porte sur tous les biens constitués en dot, *sive mobilibus, sive immobilibus seu se moventibus, si tamen exstant*. Comment doivent être traduits ces mots: *si tamen exstant*? si les biens *existent encore entre les mains du mari*; si on les traduisait autrement, on ferait dire une naïveté à Justinien. Il résulte de là que si les biens ont été aliénés par le mari, la femme n'aura pas d'action réelle pour les reprendre entre les mains des tiers.

En 530, Justinien fond ensemble l'action *ex stipulatu* et l'action *rei uxoriæ* pour accorder à la femme divers avantages de la première tout en conservant quelques-uns de ceux de la seconde. Justinien veut que la femme et ses héritiers puissent toujours redemander la dot par une action *ex stipulatu*, comme s'il y avait eu entre les époux une stipulation tacite. Il transporte cependant à cette action *ex stipulatu*, en reprise de la dot, le caractère d'action de bonne foi, et comme telle il conserve au mari le bénéfice de compétence; il lui accorde un délai d'un an pour la restitution des objets dotaux autres que les immeubles.

Enfin, pour sûretés de ses reprises, Justinien accorde à la femme une hypothèque tacite sur les biens de *celui qui a reçu la dot*; ce n'est pas toujours, en effet, sur les biens du mari ni exclusivenent sur ces biens que portera l'hypothèque tacite de la femme. Ceci résulte de la constitution *de rei uxoriæ*, § 1 au Code, « sive principales personæ dotes susceperint, sive aliæ pro his » et de la loi 32, § 13, *soluto matrimonio* au Digeste, qui nous donne des applications de ce principe. Le mari est fils de famille, la dot a été remise au *paterfamilias* ou au fils sur l'ordre de ce dernier, l'action sera dirigée contre le père. Le fils a reçu la dot sans l'ordre du père: celui-ci sera néanmoins obligé, mais jusqu'à concurrence seulement du pécule ou du profit qu'il en aura retiré. Le père a reçu la dot, il vient à mourir : le fils n'est tenu de rendre la dot que s'il est héritier de son père.

Par une juste réciprocité, l'action en payement de la dot était garantie par une hypothèque tacite sur les biens de celui qui l'avait promise, quel qu'il fût.

Mais la femme a toujours la faculté de consentir à l'aliénation de l'immeuble dotal. Par là même elle peut renoncer à son hypothèque; Justinien va lui enlever ce droit qui peut être dangereux pour elle. C'est dans ce but que le § 15 de la loi unique au Code *de rei uxoriæ actione* a été écrit : « Cum lex Julia fundi dotalis italici alienationem prohibebat fieri a marito non consentiente muliere, hypothecam autem nec si mulier consentiebat : interrogati sumus, si oporteat hujusmodi sanctionem non super italicis tantummodo fundis, sed pro omnibus locum habere? placet itaque nobis eamdem observationem non tantum in italicis fundis, sed etiam in provincialibus extendi. Cum autem hypothecam ei etiam ex hac lege donavimus, sufficiens habet remedium mulier et si maritus fundum alienare voluerit. Sed et ne consensu mulieris hypothecæ ejus minuantur, necessarium est, et in hoc parte mulieribus subvenire : hoc tantummodo adito ut fundum dotalem non solum hypothecæ titulo dare nec consentiente muliere maritus possit, sed nec alienare : ne fragilitate naturæ suæ in repentinam deducatur inopiam. Licet enim anastasiana lex de consentientibus mulieribus vel suo juri renunciantibus loquatur : tamen intelligi oportet in rebus mariti, vel dotis quidem æstimatis, in quibus dominium et periculum mariti est. In fundo autem non æstimato, qui et *dotalis* proprie nuncupatur, maneat jus intactum, et lege quidem Julia imperfectum, ex nostra autem

« auctoritate plenum, atque in omnibus terris effu-
« sum, non tantum italicis, et sola hypotheca conclu-
« sum. »

A quelles créances s'applique la garantie de l'hypothèque tacite de la femme?

La constitution de *rei uxoriæ actione* au Code ne parle que de la restitution de la dot; mais la loi 11 *de pactis conventis* étend cette garantie au recouvrement des créances paraphernales livrées au mari par une disposition du contrat de mariage. Enfin, il résulte de la loi *assiduis* qu'une constitution demeurée inconnue pour nous avait accordé à la femme les garanties de l'hypothèque pour assurer l'exécution de la donation *propter nuptias*.

Jusqu'ici nous ne pouvons qu'applaudir à une pareille législation ; la femme est protégée d'une manière énergique, mais les lois de l'équité ne sont pas violées. La femme prime les créanciers du mari antérieurs au mariage, mais sur les biens dotaux ; il n'y a pas injustice à cela; c'est elle qui les a mis dans le patrimoine du mari. Elle n'a qu'une hypothèque prenant rang du jour du mariage, sur les autres biens du mari ; cette hypothèque est tacite, il est vrai ; dans une législation où on ne reconnaît que l'hypothèque occulte, les tiers ne peuvent avoir à s'en plaindre.

Malheureusement, Justinien ne s'est point borné à ces heureuses innovations, il est allé à l'encontre de toutes les règles de la justice dans la fameuse loi 12 au Code *qui potiores in pignore*, publiée en l'an 531, et si universellement connue sous le nom de loi *Assiduis*. Il nous paraît utile de la traduire en entier pour mieux apprécier la valeur des motifs que Justinien invoque pour expliquer les droits exorbitants qu'il consacre dans cette constitution en faveur des femmes : « Assailli par les visites continuelles de femmes qui se plaignaient de la perte de leur dot et de la préférence accordée aux créanciers hypothécaires antérieurs de leur mari, nous avons recherché quel était sur ce point l'ancien état des choses, et nous avons remarqué que l'action *rei uxoriæ*, supprimée aujourd'hui, jouissait du privilége de faire venir celui qui l'exerçait par préférence à tous les créanciers personnels, même les plus anciens ; mais cette faveur n'existait que quant aux créances personnelles ; pour les hypothèques, la loi, se relâchant pour elles de sa rigueur, n'appelait la femme qu'à son rang et plaçait avant elle tous les créanciers hypothécaires antérieurs, sans tenir compte de la faiblesse de la femme qui livre à son mari fortune, corps et vie, et qui, le plus souvent, ne possède que sa dot. Il fallait donc décréter que les maris payeraient leurs créanciers avec leurs propres biens et non avec la dot de la femme qui, constituée par elle-même et par d'autres, est destinée à subvenir à sa nourriture et à son entretien. C'est pourquoi, nous souvenant que nous avons fait déjà deux constitutions portant secours à la femme, nous les réunissons en une seule, et nous décidons que l'action *ex stipulatu* accordée par nous à celle-ci pour lui faire obtenir la restitution de sa dot, et que nous avons munie d'une hypothèque tacite, primera tous les créanciers du mari et même ceux ayant date antérieure. Pourquoi ce privilége qui était accordé à la dot, comme nous l'avons dit, vis-à-vis de toutes les créances personnelles, ne l'étendrions-nous pas à l'hypothèque, alors même que les choses dotales ou celles qui ont été achetées à leur place ne sont plus dans le patrimoine du mari, qu'elles aient été perdues ou qu'elles se soient dissipées de quelque façon que ce soit, pourvu que la chose elle-même ait été remise au mari ? Qui pourrait ne pas avoir pitié de la femme qui est soumise à tant de devoirs vis-à-vis de son mari, à tant de dangers en donnant le jour à des enfants dont nous encourageons la procréation dans de nombreuses constitutions ?

Aussi ce que l'antiquité avait commencé, nous le parachevons par ce texte de loi, et nous accordons ce privilége à la femme, qu'elle ait eu des enfants ou qu'elle n'en ait pas eu. Nous exceptons seulement les secondes femmes, qui devront être primées par les enfants du premier lit, auxquels nous avons déjà donné une hypothèque pour le recouvrement de la dot de leur mère contre leur père ou contre ses créanciers, et qui doivent jouir de la même faveur vis-à-vis de la seconde femme, sous peine de donner à celle-ci plus qu'à la première : ainsi leur droit reste aussi intact que si leur mère eût survécu, car lorsque deux dots sont dues par la même personne, la préférence entre elles se détermine par le temps. Cette règle ne s'applique qu'à la dot et non à la donation anténuptiale qui ne doit être rangée qu'à sa date : car nous ne protégeons pas la femme pour qu'elle fasse un gain, mais pour qu'elle ne perde pas et ne soit pas frustrée d'une partie de sa fortune. »

« Cette loi n'aura d'effet que de ce jour et ne devra être appliquée pour le temps qui précède. »

Le bénéfice de la loi *Assiduis* était accordé aux enfants,

mais non aux héritiers de la femme. Il garantit la dot et l'augment de dot qui y est assimilé ; pour l'augment de dot cependant, il y a des restrictions à faire : la femme, pour en garantir la restitution, lorsqu'il est fait en meubles, n'a pas de privilège si le mari a des créanciers; on redoute la fraude.

L'exécution des donations *propter nuptias*, la restitution des créances paraphernales continuent à être protégées par une hypothèque simple qui ne prend rang seulement qu'à compter de sa date. Il en est de même pour toutes les autres créances autres que la dot.

L'hypothèque privilégiée de la femme doit-elle être préférée aux autres hypothèques privilégiées? Quand la femme n'avait qu'un droit personnel privilégié, elle primait « *omnes pene personales* » *presque* tous les autres créanciers chirographaires; maintenant qu'elle a une hypothèque privilégiée, y aura-t-il des créanciers hypothécaires encore plus privilégiés qu'elle ?

Justinien a résolu la question pour certaines créances qui, à l'exemple de celles de la femme, ont le bénéfice d'une hypothèque privilégiée ; mais il n'a pas prévu toutes les hypothèses. Aux termes de la loi 12, § 1 *qui potiores*, et de la Novelle 71, l'hypothèque d'une dot précédente prime celle de la dot actuelle. La femme est primée par le fisc pour la créance sur le *primipilus* et pour le recouvrement des impôts arriérés. (Loi 3 au Code *de primipilo* et la loi 1, *si propter publicas pensitationes*.) La femme est aussi dans un rang inférieur vis-à-vis le créancier qui a fourni des deniers *ad emendam militiam* (novelle 97, chap. 4), et par l'*argentarius* pour toutes sommes prêtées par lui, mais en supposant une hypothèque spécialement réservée pour cet objet (Novelle 13, ch. 3). Au contraire, la femme prime tous les autres créanciers, même ceux dont l'argent a servi à conserver ou à mettre la chose affectée à leur gage dans le patrimoine du mari.

Enfin en 541, aux termes de la Novelle 109, les femmes hérétiques sont privées de tous les droits concédés depuis Justinien ; elles n'ont que le simple privilége dont elles jouissaient avant lui. C'était là le produit du fanatisme religieux. Toutefois il n'y a qu'au moment où elles invoquaient les dispositions si favorables des lois de Justinien qu'elles devaient donner la preuve de leur orthodoxie ; une conversion subite suffisait donc pour leur en assurer le bénéfice.

Telle est sur cette matière la législation romaine dans son dernier état.

Si nous nous transportons maintenant de l'empire d'Orient dans l'empire d'Occident, nous rechercherons les traces de l'hypothèque légale en Gaule, nous la verrons apparaître au XIIIe siècle.

Puis, après avoir signalé les différents efforts tentés en ce qui concerne notre matière, depuis 1789, nous arriverons à la rédaction du Code Napoléon.

DE L'HYPOTHÈQUE LÉGALE

DE LA FEMME MARIÉE

DANS L'ANCIEN DROIT ET DANS NOTRE DROIT INTERMÉDIAIRE.

Nous ne pensons pas que l'hypothèque était connue des Gaulois ; l'idée d'un droit réel constitué sans signe matériel de dessaisissement était une idée trop savante pour qu'elle pût se rencontrer dans une législation primitive.

Quand la législation romaine remplaça en Gaule le droit celtique, l'hypothèque dut bien pénétrer avec elle; mais nous n'en trouvons aucune trace dans le *Breviarium; Alarici* le mot *pignus* y est toujours employé, jamais le mot *hypotheca*.

Dans les premiers siècles de la monarchie franque, la législation en vigueur présente bien des incertitudes.

Ce n'est qu'à la seconde moitié du XIIIe siècle que nous découvrons quelques vestiges de l'hypothèque légale dans certaines Coutumes du midi. La coutume de Toulouse accorde à la femme un droit tacite de préférence sur tous les créanciers du mari, excepté sur ceux dont les droits réels seraient antérieurement acquis. Dans la nouvelle rédaction de la Coutume de Toulouse au XVIe siècle, la femme a, conformément à la loi *Assiduis*, une hypothèque privilégiée sur tous les biens meubles et immeubles de son mari. Ce privilége était primé dans un cas, celui d'une hypothèque spéciale antérieure au mariage ; ce tempérament aux faveurs exorbitantes accordées à la femme devait lui-même disparaître dans le dernier état du droit ; d'après l'ordonnance de 1747, en effet, la femme fut colloquée pour sa dot et pour ses intérêts par privilége à tous créanciers non privilégiés du mari quoique antérieurs en hypothèque.

L'ancienne Coutume de Bordeaux accorde à la femme une hypothèque générale, mais non privilégiée, sur les biens de son mari. D'après la révision qui en a été faite en 1520, la femme a une hypothèque pour la restitution de ses paraphernaux livrés au mari, mais seulement sur les biens de celui-ci.

Telles étaient les Coutumes de Toulouse et de Bordeaux dans leurs dispositions qui, par la faveur exorbitante qu'elles accordaient à la femme, se rapprochaient beaucoup du droit romain; mais il n'en était pas ainsi dans le droit commun des pays de droit écrit. La femme n'avait hypothèque que du jour du contrat de mariage, ou, à défaut de contrat de mariage, du jour du mariage, pour la répétition de sa dot et de ses paraphernaux et pour l'exécution de l'augment de dot et des autres conventions matrimoniales. Le parlement de Toulouse, seul, reconnaissait à la femme une hypothèque privilégiée, encore seulement pour la dot et les intérêts de la dot.

L'inaliénabilité de la dot était aussi admise. Si le fonds dotal était aliéné par le mari avec ou sans le consentement de la femme, elle pouvait faire annuler l'aliénation et revendiquer l'immeuble aliéné, suivant la loi 30 au Code *de jure dotium*.

A la dissolution du mariage, la femme ou ses héritiers pouvaient renoncer à se prévaloir de la nullité de l'aliénation du fonds dotal et exercer une action hypothécaire contre le mari pour obtenir la valeur des biens aliénés.

Dans les pays de Coutumes, l'hypothèque légale ne fut admise que bien postérieurement au XIIIe siècle, et encore certaines l'ont entièrement rejetées.

L'hypothèque légale ne devait pas être admise de longtemps en présence de deux principes de l'ancien droit coutumier et du régime matrimonial qu'il consacrait.

Le premier de ces deux principes était l'obligation de demander la permission du seigneur pour constituer un droit réel. Pour établir un droit de préférence, il fallait, outre l'intervention du seigneur, que l'objet engagé fût remis entre les mains du créancier.

L'admission de l'hypothèque légale de la femme a dû être retardée encore pour ce deuxième principe de droit féodal : « *Home peut vendre son héritage por son besoing, non por son preu* (profit), *qu'il ne le face por son lignage désériter.* » On voit par là que les biens étaient conservés autant que possible dans les familles. Aussi, à cette époque, dans tout acte important de vente ou de donation, il arrivait fréquemment qu'on fît intervenir les parents ou les enfants pour les faire renoncer aux droits qu'ils avaient sur l'objet aliéné.

Enfin le régime de la communauté ne faisait guère sentir le besoin d'une hypothèque légale. Si la femme renonçait à la communauté, elle reprenait ses immeubles francs et quittes de toutes charges.

L'hypothèque légale de la femme ne devait pas cependant tarder à s'établir. Vers la fin du xve siècle, surtout dans les provinces du centre, ce droit se généralise. La preuve testimoniale est suffisante pour établir l'existence de l'hypothèque. L'ordonnance de 1539 parut; d'après cette ordonnance, toute obligation passée devant notaire emportait hypothèque. On appliqua à la femme cette maxime de droit commun. Si elle faisait un contrat de mariage, elle avait droit à l'hypothèque; elle en était privée au contraire, si elle se mariait sans contrat. Mais bientôt, les Coutumes, adoptant le principe de l'ordonnance de 1539, et subissant l'influence du droit romain, reconnurent l'hypothèque au profit de toutes les femmes mariées sans distinction.

On rechercha dès ce moment à rendre l'hypothèque publique. Henri III, en 1581, essaya d'y arriver. Colbert, dans son édit de 1673, exigeait l'inscription de l'hypothèque de la femme aussitôt après la dissolution du mariage; il y avait de l'exagération dans l'obligation qu'il imposait à la femme de faire inscrire ce droit quand elle n'était que simplement séparée. Après la séparation, en effet, la femme ne continue-t-elle pas à être sous la puissance de son mari?

L'hypothèque resta occulte; rien ne put vaincre la résistance opiniâtre que rencontrèrent les projets qui tentèrent d'introduire la publicité. Le crédit des hommes puissants menaçait de crouler; il ne subsistait que par les apparences trompeuses qui, du jour où l'hypothèque n'eût plus été occulte, se seraient évanouies.

Nous ne nous arrêtons pas aux formes du décret volontaire ni à celles des lettres de ratification établies par l'édit de 1771 sous Louis XV ; il n'y est pas question de l'hypothèque légale de la femme.

Enfin l'Assemblée Constituante de 1789 chargea un de ses comités de la rédaction d'un projet de réforme hypothécaire en prenant pour base la spécialité et la publicité. Ses pouvoirs expirèrent avant que ce projet fût converti en loi.

La Convention voulait adopter un Code civil uniforme pour toute la France. Cambacérès proposa successivement deux projets, l'un en 1793 et l'autre en 1794. Les hypothèques tacites devaient être supprimées. Cette assemblée ne put exécuter son projet à cause des graves événements politiques qui se passèrent en France ; mais elle promulgua la loi du 9 messidor an III relative aux hypothèques. Elle posa la première le principe de la publicité de l'hypothèque et de l'inscription ; l'hypothèque légale n'en est même pas dispensée. Toute hypothèque tacite est abolie. Les femmes peuvent seulement, comme tout créancier, stipuler des hypothèques conventionnelles.

Cette loi fut abrogée par la loi du 11 brumaire an VII sur le régime hypothécaire.

La loi de brumaire reconnaissait une hypothèque légale aux femmes ; cette hypothèque légale ne prenait rang que du jour de l'inscription. L'inscription valait pour toute la durée du mariage et pour une année après sa dissolution.

Nous arrivons à la rédaction du Code Napoléon. Le système hypothécaire fut l'objet de longues discussions. En ce qui concerne les droits des femmes, les uns demandèrent à ce qu'on n'admît aucunes dérogations aux règles ordinaires en leur faveur; les autres voulaien qu'une dispense d'inscription leur fût accordée. Cette dernière opinion fut adoptée.

DROIT FRANÇAIS.

DE L'HYPOTHÈQUE LÉGALE DE LA FEMME MARIÉE,

SOUS L'EMPIRE DU CODE NAPOLÉON.

DES FEMMES

AUXQUELLES L'HYPOTHÈQUE LÉGALE EST ATTRIBUÉE.

L'hypothèque légale est accordée à toute femme mariée avec ou sans contrat; peu importe donc que le mariage ait été précédé d'un acte qui en règle les conditions civiles; au fait seul d'un mariage valable est attachée l'hypothèque légale.

Il est cependant un cas prévu par les art. 201 et 202 du Code Napoléon où le mariage nul confère à la femme l'hypothèque légale; c'est lorsqu'il y a eu bonne foi chez les époux ou même chez la femme seulement; le mariage produit alors tous ses effets civils et, en conséquence, engendre l'hypothèque qui est incontestablement un de ces effets; mais si la femme était de mauvaise foi, au moment de la célébration du mariage, elle ne pourrait pas prétendre à l'hypothèque ni transmettre à ses enfants ce droit qu'elle n'a pu invoquer pour elle-même.

Peu importe le régime que les époux ont adopté, régime de la communauté, régime dotal, la femme a droit à cette garantie, qui ne saurait lui être refusée même sous le régime de la séparation de biens; il peut se faire, en effet, que sous ce régime la femme devienne créancière du mari (art. 1539 et 1577 C. N.).

Avant la loi du 28 mai 1838, modificative du titre des faillites, quelques doutes s'étaient élevés sur la question de savoir si un mariage célébré dans les dix jours précédant la faillite du mari entraînait l'hypothèque légale.

La difficulté provenait de la rédaction de l'art. 443 du Code de commerce qui disposait : « Nul ne peut acquérir ni privilége ni hypothèque sur les biens du failli dans les dix jours qui précèdent l'ouverture de la faillite. »

MM. Pardessus (Cours de Droit commercial) et Dalloz soutenaient que, pour la femme mariée dans ce délai, il ne devait pas y avoir d'hypothèque légale. Dans le mariage, disaient-ils, il y a convention, stipulation libre et, par conséquent, possibilité de tromper les tiers.

Cette opinion était rejetée à juste titre par la jurisprudence et les auteurs; n'est-il pas de toute évidence que l'art. 443 C. comm. avait en vue de prohiber non pas le fait volontaire d'où, comme conséquence, pouvait résulter l'hypothèque légale, mais le fait ayant pour objet direct l'acquisition de l'hypothèque; comment pouvait-on assimiler le mariage à un fait de cette nature?

Aujourd'hui, depuis la loi de 1838, il ne peut plus y avoir de controverse sur ce point en présence de l'article 446 C. comm. qui porte : « Sont nuls et sans effet relativement à la masse, lorsqu'ils auront été faits par le débiteur depuis l'époque déterminée par le tribunal comme étant celle de la cessation de ses payements, ou dans les dix jours qui auront précédé cette époque : .... *toute hypothèque conventionnelle ou judiciaire* et tous droits d'antichrèse ou de nantissement constitués sur les biens du débiteur pour dettes antérieurement contractées. » L'hypothèque légale n'est pas mentionnée parmi celles déclarées nulles lorsqu'elles sont constituées depuis la cessation de payements ou dans les dix jours qui auront précédé la faillite, par conséquent la prohibition du Code de commerce ne lui est pas applicable et on peut admettre, sans hésitation, que l'hypothèque légale n'en existe pas moins en faveur de la femme, bien que le mari tombe en faillite dans les dix jours de la célébration du mariage.

Comme conséquence du principe énoncé plus haut, à savoir que l'hypothèque légale résulte du fait seul du mariage, on doit décider qu'un mariage contracté en pays étranger entre Français ou entre un Français et une étrangère, confère le bénéfice de l'hypothèque légale.

L'ancienne jurisprudence avait donc tort de ne pas admettre que la femme étrangère qui épouse un Français à l'étranger pût réclamer l'hypothèque légale sur les biens de son mari situés en France. L'art. 2128, qui dit « que : les contrats passés en pays étrangers ne peuvent donner d'hypothèque sur les biens de France », n'a pas ici son application, par la raison bien simple que le contrat de mariage n'est pas la source de l'hypothèque légale. Aujourd'hui la solution de la question n'est contestée par personne.

On s'est demandé si la femme, à l'appui de son contrat de mariage, devra prouver qu'elle s'est conformée aux dispositions de l'art. 171 C. N. : « Dans les trois mois après le retour du Français sur le territoire de l'Empire, l'acte de célébration du mariage contracté en pays étranger sera transcrit sur le registre public des mariages du lieu de son domicile. » Deux arrêts de la Cour de cassation, l'un à la date du 6 janvier 1824, l'autre à la date du 18 mars 1834, ont décidé l'affirmative.

Nous n'admettons pas cette solution; l'art. 171 ne prononce aucune peine, n'établit aucune sanction pour l'omission des formalités qu'il prescrit; c'est une disposition purement règlementaire. « Le mariage contracté en pays étranger est valable, aux termes de l'article 170, s'il a été célébré dans les formes usitées dans le pays, pourvu qu'il ait été précédé des publications prescrites par l'art. 63 » et pourvu que l'époux se trouve dans les conditions requises pour contracter mariage dans sa patrie. Tant que le mariage n'est pas annulé, il faut en respecter les conséquences, au nombre desquelles l'hypothèque.

La Cour de cassation est revenue sur son opinion première, car, par arrêt du 23 novembre 1840, elle a décidé que, lors même que les prescriptions de l'arrêt 71 n'ont pas été observées, la femme mariée à l'étranger avec un Français peut exercer l'hypothèque légale attachée au mariage.

Faire dépendre l'hypothèque légale de la transcription de l'acte de mariage, n'était-ce pas rendre illusoires les garanties accordées à la femme contre son mari? Il eût été facile à ce dernier de compromettre la fortune de sa femme, que la loi a toujours en vue de protéger. Les raisons qui ont déterminé le législateur à admettre la dispense d'inscription devaient ici lui paraître aussi puissantes pour admettre la dispense de transcription. Du reste, ce qui est beaucoup plus efficace à l'égard des tiers, c'est la qualité d'épouse donnée par le mari à sa femme ; le registre des transcriptions, le plus souvent, ne sera pas consulté.

Mais une autre question plus délicate et d'une grande importance pratique est celle de savoir si la femme étrangère ou la femme française, qui a épousé un étranger (dans ce dernier cas la situation est la même, car une femme française perd sa nationalité par son mariage avec un étranger) peut exercer son hypothèque légale sur les immeubles que son mari possède en France.

Nous nous trouvons en présence de systèmes bien différents, tous défendus par des auteurs qui font autorité.

Disons tout d'abord que nous partageons l'opinion qui consiste à dire que la femme mariée avec un étranger n'a pas, sur les immeubles possédés en France par son mari, le bénéfice de l'hypothèque légale. Nous sommes, en cela, d'accord avec la jurisprudence.

Mais voici les deux raisons sur lesquelles se base l'opinion contraire à la nôtre, c'est-à-dire celle qui reconnaît que les immeubles possédés en France par un étranger sont frappés de l'hypothèque légale au profit de la femme.

La première raison invoquée est celle-ci : le statut qui frappe d'hypothèque légale les immeubles du mari au profit de la femme est un statut réel, agissant, par conséquent, sur les immeubles sans rechercher qui les possède.

On a dit en second lieu : Prétendre que l'hypothèque soit tellement du droit civil que les étrangers ne puissent y participer n'est pas exact; et, pour démontrer cette proposition, l'un des principaux défenseurs du système auquel nous ne saurions nous rallier, M. Troplong, s'exprime ainsi : Si le principe était vrai, il devrait être général, et il faudrait l'appliquer non-seulement aux hypothèques légales, mais encore aux hypothèques judiciaires, qui sont aussi une concession de la loi; aux hypothèques conventionnelles, qui tiennent du droit civil leurs formes constitutives; aux priviléges sur les immeubles, qui ne sont que des hypothèques privilégiées, et qui ont, par conséquent, la même origine; aux priviléges sur les meubles, qui sont des affectations sur la chose et qui tiennent leur faveur de certaines qualités qu'il a plu au législateur de placer à tel ou tel rang de préférence. Or, on n'ira jamais jusqu'à soutenir que toutes les hypothèques, soit légales, soit judiciaires, soit conventionnelles, soient hors des droits auxquels un étranger peut prétendre en France; on n'entreprendra pas de dire qu'un jugement rendu par les tribunaux français au profit d'un étranger ne produit pas en sa faveur une hypothèque judiciaire (espèce d'hypothèque légale) sur les biens du condamné; on ne refusera pas à l'étranger qui aliène un immeuble qu'il possède en France le privilége de vendeur; en un mot, on doit reconnaître qu'en organisant le système des hypothèques et des priviléges, le législateur n'a pas entendu travailler exclusivement pour les nationaux, mais qu'il a voulu que ce système s'étendît à tous ceux qui sont propriétaires d'immeubles en France.

Pour réfuter l'objection tirée du statut réel, nous

répondrons : Si la loi hypothécaire, lorsqu'il s'agit de l'exercice du droit d'hypothèque, est un statut réel, elle forme un statut personnel lorsqu'il s'agit de la constitution même de ce droit. Ainsi un étranger, qui voudra exercer une hypothèque qu'il aura acquise sur un immeuble en France, devra se conformer à la loi française. L'art. 3 du C. N. trouve ici son application : « Les immeubles même possédés par des étrangers sont régis par la loi française. » C'est bien là le statut réel. Mais voici ce qui appartiendra au statut personnel : c'est lorsqu'on recherchera si l'étranger est apte à posséder cette hypothèque ; on interrogera sa capacité ; or, cette question touche à l'état de la personne.

La seconde objection paraît bien plus sérieuse : l'hypothèque légale n'est pas d'une autre nature que l'hypothèque conventionnelle ou judiciaire : d'où il suit que, si l'on ne considère pas ces dernières comme un droit civil propre aux Français seulement, on ne saurait, sans inconséquence, refuser à la femme étrangère le bénéfice de l'hypothèque légale sur les biens que son mari, étranger, possède en France.

L'étranger, incontestablement, peut, tout comme un Français, acquérir en France une hypothèque judiciaire ou conventionnelle ; pour cela, cependant, il faut que l'acte générateur de l'hypothèque puisse produire en France des effets civils. Ceci résulte des dispositions des art. 2123 et 2128 C. N. : ni les jugements rendus, ni les contrats passés en pays étranger n'ont la faculté d'engendrer l'hypothèque, à moins pour les jugements qu'ils ne soient rendus exécutoires par un tribunal français, ou, pour les uns et les autres, qu'il n'y ait des dispositions contraires dans les lois politiques et les traités. Ainsi les jugements rendus, les contrats passés en pays étranger n'ont pas le pouvoir de conférer l'hypothèque, et l'hypothèque légale pourrait résulter d'un simple acte de mariage, sans aucun contrat, sans aucune sanction de l'autorité française ! L'hypothèque légale serait si facilement concédée, elle qui est dispensée d'inscription, qui est si gênante pour les transactions, pleine de dangers pour les tiers : et pour protéger uniquement des intérêts étrangers et au détriment des nôtres ! Le législateur n'a jamais songé à une injustice pareille.

Mais, nous oppose-t-on, si un étranger ne peut pas exercer en France l'hypothèque qu'il a stipulée par un contrat passé en pays étranger, s'il y réclamait vainement l'hypothèque judiciaire, en vertu d'un jugement qu'il a obtenu dans sa patrie, cela ne tient pas à sa qualité d'étranger, puisqu'avec des titres de la même nature, émanés d'une autorité publique étrangère, un Français serait, en France, exclu comme lui : cela vient uniquement de ce qu'en fait d'hypothèque conventionnelle ou judiciaire, le Code Napoléon ne reconnaît, pour titres efficaces, que les contrats passés et les jugements rendus dans le pays où sont situés les biens sur lesquels on prétend exercer l'un ou l'autre.

On a dit encore : L'hypothèque conventionnelle ne pouvant résulter que d'actes authentiques et doués d'exécution parée, un acte passé en pays étranger ne pourrait emporter hypothèque, parce qu'il ne vaut que comme acte sous seing privé. Soit; mais il ressort des art. 2123 et 2128 que la loi considère l'hypothèque comme un droit civil; les contrats et les jugements étrangers ne peuvent la produire. Or, la jouissance des droits civils n'appartient qu'aux Français ; elle n'est accordée aux étrangers que dans les cas des art. 11 et 13 C. N. Les art. 2121 et 2135 n'ont point parlé de la femme étrangère ; celle-ci n'a donc pas le bénéfice de l'hypothèque légale ; les art. 2123 et 2128 nous donnent le droit de supposer qu'il n'y a point inadvertance de la part du législateur.

Ce n'est qu'exceptionnellement que les étrangers peuvent acquérir hypothèque ; cette faveur de la loi s'explique par le désir qu'a le législateur d'encourager le commerce, de multiplier les relations internationales. Il n'y avait pas un égal motif d'étendre aux femmes étrangères le privilége d'une hypothèque légale, dispensée d'inscription, qui n'a dû être établie que pour l'avantage exclusif des nationaux.

Enfin un dernier argument, qui nous paraît à lui seul motiver suffisamment notre opinion : l'hypothèque légale, qui, parce qu'elle est occulte, offre de grands inconvénients, est connue suffisamment ; néanmoins, par la notoriété qui entoure le mariage et par la publicité que la loi ordonne; ses dangers, par cela seul, sont grandement atténués. Mais les tiers qui traiteront avec un étranger pourront-ils se convaincre que celui-ci est marié ? Quels moyens emploieront-ils ?

Nous tenons donc pour certain, avec la majorité des auteurs et la jurisprudence, que l'hypothèque légale sur les biens du mari, situés en France, ne peut appartenir qu'à la femme française.

Peu importe que le mariage entre un étranger et une femme étrangère ou une femme française ait eu lieu en

France ; l'hypothèque légale n'en existe pas plus au profit de la femme ; il s'agit toujours d'une femme étrangère. L'avantage qu'il pourrait y avoir pour la femme, c'est qu'au cas où le contrat de mariage serait passé en France, elle aurait la faculté d'y stipuler valablement une hypothèque sur les biens de son mari situés en France. L'hypothèque stipulée sur les mêmes biens dans un contrat passé en pays étranger resterait sans effet, à moins qu'il n'y eût des dispositions à ce contraires dans les lois politiques françaises ou dans les traités.

Entre ces deux opinions tranchées, dont l'une accorde et l'autre refuse à la femme étrangère, d'une manière absolue, l'hypothèque légale, un système intermédiaire s'est introduit. D'après ce système, les mariages passés à l'étranger et sous l'empire d'une loi étrangère doivent produire en France tous les effets que leur reconnaissent la loi étrangère, quand ces effets ne sont pas contraires à l'ordre public en France : d'où il suit que la femme étrangère, qui dans un pays a droit à une hypothèque légale sur les biens de son mari, peut exercer cette hypothèque même sur les immeubles situés en France ; au contraire, la femme étrangère ne peut se prévaloir de son hypothèque légale sur les biens de son mari situés en France si la loi de son pays ne consacre pas en sa faveur cette garantie.

Voici comment raisonnent les partisans de ce système : s'agit-il de l'existence de l'hypothèque légale, référez-vous à la loi personnelle de l'étranger pour voir si cette loi l'accorde ; s'agit-il d'exercer l'hypothèque légale, de son mode d'établissement, de purge, etc., ne vous référez qu'à la loi française elle-même. Cette dernière question est toujours subordonnée à la première, on ne doit s'occuper de la résoudre qu'autant que la loi nationale de l'étranger accorde l'hypothèque légale.

Quand le vice d'extranéité se trouve purgé, soit par les traités diplomatiques, soit par l'autorisation donnée à l'étranger d'établir, en France, son domicile (art. 11 et 13 C. N.), la femme étrangère jouit, comme la femme française, de l'hypothèque légale sur les biens de son mari.

CRÉANCES DE LA FEMME MARIÉE

QUI ONT LE BÉNÉFICE DE L'HYPOTHÈQUE LÉGALE.

DU RANG HYPOTHÉCAIRE DE CES CRÉANCES

ET DE LA DISPENSE D'INSCRIPTION.

Toutes les créances que la femme mariée peut avoir contre son mari sont garanties par l'hypothèque légale. L'art. 2121 C. N. est, en effet, conçu dans les termes les plus généraux : « Les droits et créances auxquels l'hypothèque légale est attribuée sont ceux des femmes mariées sur les biens de leur mari. »

L'art. 2135 pourrait induire en erreur ; il ne contient pas toutes les créances de la femme contre son mari ; il a seulement pour but d'indiquer le rang hypothécaire de certaines créances. Souverain quand il s'agit de préciser le moment où se révèlent quelques-unes des créances de la femme spécialement prévues, il ne doit point être pris pour guide, lorsqu'on recherche quelles sont les créances qui ont le bénéfice de l'hypothèque.

Les rédacteurs du Code Napoléon avaient songé tout d'abord à faire remonter à un même point de départ, le jour de la célébration du mariage, l'hypothèque légale de la femme ; mais, sur les observations du Tribunat, ils pensèrent qu'il y avait lieu d'admettre des distinctions. Le jour du mariage fut bien maintenu comme l'époque à laquelle devait prendre naissance l'hypothèque pour la dot et les conventions matrimoniales ; mais, quant aux autres créances, eu égard à leur origine, le rang hypothécaire fut diversement fixé. Notons, en passant, une différence dans la position faite par l'article 2135 à la femme et celle faite au mineur : L'hypothèque du mineur a une date unique, celle de l'entrée en fonction du tuteur ; l'hypothèque de la femme, au contraire, a plusieurs dates.

Pour expliquer la situation plus avantageuse qui est créée en faveur du mineur par le législateur, nous ferons observer que la durée de la tutelle est fixe et peu longue ; celle du mariage ne peut point au contraire être déterminée à l'avance ; en outre, le crédit du mari eût été encore bien plus ébranlé si l'hypothèque légale avait toujours dû remonter à l'époque de la célébration du mariage ; qui est-ce qui aurait voulu traiter avec lui ? Un créancier même hypothécaire eût toujours craint de se voir primé par une hypothèque garantissant cependant des créances postérieures aux siennes et qu'il lui était difficile de prévoir ; et que de facilités pour le mari de frustrer les tiers au moyen d'engagements fictifs envers sa femme !

Nous allons énumérer rapidement les créances principales qui peuvent exister en faveur de la femme. Nous nous occuperons d'abord de celles contenues dans l'art. 2135, pour examiner ensuite d'autres créances, qui se présentent le plus ordinairement et qui ne se trouvent pas mentionnées dans l'article.

La première créance dont il est question dans l'article 2135 est la *dot*.

Par dot, aux termes de l'art. 1540, on entend « le bien

que la femme apporte au mari pour supporter les charges du mariage soit dans le régime dotal, soit dans le régime de la communauté. »

Lorsque la dot immobilière de la femme mariée sous le régime dotal a été indûment aliénée; la femme n'a-t-elle seulement que l'action révocatoire de l'art. 1560; n'a-t-elle point aussi, à raison du prix, une hypothèque légale sur les biens de son mari? Nous ne voyons pas pourquoi la femme n'aurait pas le choix entre deux actions que la loi lui confère, l'une en résolution de la vente, l'autre en collocation sur les biens du mari. Nous croyons donc que la femme pourra ou faire annuler la vente ou se prévaloir de son hypothèque légale pour garantie du prix de l'immeuble aliéné, même dans le cas où le prix des biens dotaux indûment aliénés ne serait pas encore payé. Si on n'admettait pas que la femme, même dans ce cas, pût user de son hypothèque légale, il serait trop facile au mari, en accordant des délais aux acquéreurs, de frustrer les droits de sa femme.

Il faut que, par suite de la constitution de dot, la femme soit créancière du mari. Supposons le cas où les époux se sont mariés en communauté; on a constitué à la femme une dot mobilière qui, on le sait, tombe dans la communauté; il n'y a point ici d'hypothèque légale; la femme, en effet, n'a point de créances contre son mari.

Il en serait autrement si des immeubles avaient été constitués en dot à la femme; ces immeubles lui restent propres; elle aura une hypothèque pour garantir la restitution du prix.

Quant aux biens qui tombent dans la communauté et que le mari administre en sa qualité de chef de la communauté, l'hypothèque ne les couvre pas ; à la dissolution de la communauté, en cas de partage (art. 1467 C. N.), la femme a le privilége du copartageant (art. 2103) lequel privilége devra être inscrit comme l'enseigne l'art. 2109.

L'hypothèque légale garantit aussi les intérêts de la dot qui courent de plein droit à la dissolution du mariage, sans qu'il y ait lieu d'appliquer la disposition restrictive de l'art. 2151, qui n'a trait qu'aux hypothèques inscrites. Un arrêt de la Cour de cassation a accordé l'hypothèque légale même pour le cas où, en vertu de l'art. 1570, la femme, au lieu des intérêts de la dot, préfère se faire fournir des aliments pendant l'an de deuil.

Nous ne pouvons pas dire que l'hypothèque légale garantit les intérêts des intérêts ; ils ne courent pas de plein droit; pour faire produire intérêt aux intérêts échus des capitaux, il faut, conformément à l'article 1154, ou une demande judiciaire ou une convention spéciale.

Après la dot, l'art. 2135 cite *les conventions matrimoniales*. Cette expression comprend les avantages résultant pour la femme de son contrat de mariage. Exemple : donation faite par le mari à sa femme.

Mais il faut que la femme soit créancière du mari ; il n'y a pas d'hypothèque, si elle est créancière de la communauté, comme dans le cas où un préciput de 10,000 fr. lui est accordé (art. 1515 C. N.). Il en serait autrement et la femme aurait hypothèque si elle avait stipulé de prendre son préciput sur les biens du mari, en cas d'insuffisance de la communauté (1515, *in fine*). Toutes les dispositions en vertu desquelles la femme est donataire par son contrat de mariage sont donc des conventions matrimoniales; mais encore faut-il que ces dispositions engendrent une créance au profit de la femme. Pour cela les avantages matrimoniaux doivent être certains quant à leur existence, définitifs. Si l'avantage fait à la femme était, par exemple, une donation de biens à venir, cet avantage ne confère qu'une simple expectative; la femme ne pourra pas user de son hypothèque légale contre les tiers qui auront acquis les immeubles du chef du mari; elle n'avait pas un droit irrévocable; les aliénations du mari n'ont pu lui préjudicier.

Il s'agira, dans la pratique, de bien distinguer les institutions contractuelles qui ne confèrent qu'un espoir de donation, d'avec les donations qui, dès la célébration du mariage, confèrent un droit acquis.

La donation en usufruit faite dans le contrat de mariage par le mari à sa femme n'empêche pas le mari d'aliéner tous ses biens à titre onéreux. L'usufruit ne portera que sur les immeubles qui existeront au décès du mari. On conçoit que pareille libéralité ne peut rentrer dans la catégorie des conventions matrimoniales, dans le sens de l'art. 2135.

La femme jouit de l'hypothèque légale pour assurer le payement des créances naissant à son profit de *successions qui lui sont échues* ou de *donations* qui lui ont été faites pendant le mariage. Le mot *donation* comprend aussi bien les libéralités testamentaires que les libéralités entre vifs.

La même garantie existe au profit de la femme pour les *récompenses qui lui sont dues* pour aliénation de ses propres (art. 1436). Lorsque le mari a aliéné un des propres de la femme, il est tenu moralement, sous le régime de la communauté, et c'est un devoir pour lui, sous le régime dotal, de remplacer par un autre immeuble l'immeuble aliéné ; c'est pour ce remploi que le législateur a accordé à la femme une hypothèque.

L'art. 2135 accorde encore une hypothèque à la femme pour *l'indemnité des dettes* qu'elle a contractées avec son mari. L'engagement solidaire que la femme prend avec son mari a le plus souvent pour motif de conserver dans le ménage la bonne harmonie. La femme qui craint qu'un refus de sa part n'aigrisse son mari et n'excite sa mauvaise humeur n'est pas libre de résister ; le législateur devait s'intéresser d'une façon particulière à la position pénible qui dans ce cas lui est faite : aussi, bien qu'engagée conjointement ou solidairement avec son mari, elle n'est réputée que sa caution (art. 1431).

Il ne faut point refuser l'hypothèque à raison *des dommages et intérêts* résultant de fautes graves commises par le mari dans l'administration des biens de sa femme, pas plus qu'à la créance qui peut naître pour cette dernière par suite de la négligence du mari dans la conservation de ces mêmes biens, comme dans le cas où le mari n'aurait pas fait transcrire la donation d'immeubles faite par lui à sa femme.

Il y a aussi hypothèque légale pour les créances résultant au profit de la femme d'un délit commis par le mari.

En un mot, toutes créances de la femme mariée contre son mari, quelle qu'en soit la source (contrat, quasi-contrat, délit, quasi-délit) sont garanties par l'hypothèque légale.

Cette hypothèque existe même au profit de la femme dotale pour ses créances paraphernales contre son mari (art. 1577 C. N.). On pourrait objecter, devant cet article qui porte : « Si la femme donne sa procuration au mari pour administrer ses biens paraphernaux, avec charge de lui rendre compte des fruits, il sera tenu vis-à-vis d'elle comme tout mandataire » que, puisqu'il n'y a point d'hypothèque légale contre le mandataire, la femme en ce cas n'a pas d'hypothèque contre son mari.

A cela on doit répondre : Il est bien vrai qu'il n'y a point d'hypothèque contre le mandataire ; néanmoins nous accordons ici l'hypothèque légale à la femme, car cette hypothèque a sa source, non dans la qualité de mandataire, mais dans celle de mari. Il y a un texte très-explicite qui accorde à la femme une hypothèque, à raison de ses droits et créances ; or, la répétition que la femme peut avoir à exercer, à raison de ses biens paraphernaux, constitue évidemment une créance qui, au même titre que toute autre créance, doit être garantie par l'hypothèque.

L'hypothèque protége aussi les intérêts des créances paraphernales ; on a enseigné cependant que l'hypothèque ne garantissait pas le compte de gestion du mari; on se basait encore sur l'art. 1577. Nous ferons remarquer que la règle est toute dans l'art. 2121 ; que l'article 1877 ne veut dire qu'une chose : que le mari est assimilé au mandataire en ce sens qu'il faut appliquer les règles du mandat pour l'existence de sa dette, sa reddition de compte ; pour le moment où courent contre lui les intérêts de la somme qu'il doit (art. 1996).

L'hypothèque passe aux héritiers de la femme ; toutefois il ne faut pas qu'il y ait eu novation ; car la novation éteindrait le privilége et l'hypothèque attachés à la créance. Exemple : Prima a, par contrat de mariage, donné à Primus, son mari survivant, l'usufruit de tous ses biens ; Prima meurt sans enfants ; une liquidation intervient entre le mari et les héritiers de la femme, et les reprises de la femme sont fixées au chiffre de 100,000 fr., que le mari garde comme usufruitier ; il n'y a pas d'hypothèque légale ; ce n'est pas comme mari, mais comme usufruitier, que Primus est débiteur de cette somme ; c'est comme si les 100,000 fr. avaient été payés aux héritiers de la femme et remis par ceux-ci au mari. *Secus* si l'on avait par une disposition expresse réservé l'hypothèque légale.

Remarquons bien que, pour qu'il n'y ait pas lieu à maintenir l'hypothèque légale, il faut le fait d'une liquidation, d'un règlement. Il en sera tout autrement s'il n'est pas prouvé que le mari a rapporté fictivement ou réellement les reprises dont il est débiteur.

Le droit commercial apporte certaines restrictions à l'hypothèque légale de la femme relativement aux créances qu'elle peut exercer en cas de faillite du mari ; il existe d'autres restrictions dans le Code de commerce relativement au gage hypothécaire. Quant à ces dernières, nous les examinerons sous l'art. 2122 ; elles trouveront mieux leur place quand nous nous occuperons des immeubles sur lesquels porte l'hypothèque.

Avant la rédaction du Code de commerce qui fut mis en vigueur le 1er janvier 1808, on était sous l'empire de la déclaration de 1702 qui portait que : « Tout acte passé devant notaire par le commerçant dans les 10 jours qui précéderaient sa faillite ou pour contracter de nouvelles dettes, ensemble, les sentences qui seraient rendues contre eux n'acquérraient aucune hypothèque ni préférence sur les créanciers chirographaires. » Ces termes applicables seulement aux hypothèques judiciaires et conventionnelles n'avaient rien de restrictif pour l'hypothèque légale de la femme.

On voyait chaque jour éclater, de toutes parts, des faillites scandaleuses dans lesquelles les femmes venaient absorber tout l'actif, au détriment des créanciers ruinés. A la discussion du titre des faillites, M. Treilhart signalait de la façon suivante les principales fraudes qui se pratiquaient le plus ordinairement alors : « Parfois un commerçant reconnaissait, en se mariant, une dot factice, soit pour faire illusion par l'annonce d'un actif supposé, soit même pour préparer de longue main un moyen de soustraire un jour sa fortune à ses légitimes créanciers ; ou bien il faisait à sa femme des avantages proportionnés à une dot qu'il ne devait pas recevoir ; souvent même il employait les deniers de ses créanciers à acquérir des immeubles sous le nom de sa femme. Enfin, par des séparations frauduleuses et des actes simulés, celle-ci, au moyen de sa dot factice et de ses avantages matrimoniaux, absorbait toute la fortune du mari. »

Dans cet état de choses, une réforme était nécessaire et le premier Consul activa la rédaction du Code de commerce. Napoléon voulait une indivisibilité de fortune dans la société conjugale. « Il serait à désirer, disait-il, que la femme, dans tous les cas, partageât le malheur du mari. Dans une communauté de biens et de maux telle qu'est le mariage, il est inconcevable que les actes du mari ne retombent pas d'abord sur sa famille et que sa femme ne sacrifie pas tout ce qu'elle possède, pour prévenir ou du moins adoucir les torts d'une personne avec laquelle elle est si étroitement unie. Il répugne à voir la femme d'un failli étaler un luxe insolent auprès d'un malheureux créancier dont les dépouilles l'ont peut-être enrichie. Ne serait-ce donc pas assez de réduire cette femme à de simples aliments ? » Les vœux de Napoléon ne furent point écoutés ; on ne poussa pas si loin la rigueur qui dépassait toutes les bornes, quoique le Code de commerce, tel qu'il a été rédigé en 1807, soit d'une sévérité outrée.

Quand s'effaça le souvenir des désordres passés et qu'on ne fut plus sous l'influence de l'indignation publique qu'avait soulevée le scandale de faillites habilement préparées, de vives et nombreuses réclamations s'élevèrent de toutes parts.

C'est pour y faire droit que la loi de 1838, modificative du titre des faillites, a été promulguée. La nouvelle loi introduisit d'heureuses modifications aux dispositions du Code de commerce de 1807. C'est aujourd'hui la législation qui nous régit.

Examinons donc la situation faite, au cas de faillite,

à la femme, eu égard à ses créances protégées par l'hypothèque légale.

Lorsque le mari commerçant tombe en faillite, la femme ne peut exercer, vis-à-vis des créanciers du failli, son hypothèque légale, avec toute l'étendue que lui accorde l'art. 2121 C. N. Cette exception aux principes que nous avons étudiés jusqu'ici n'est point applicable dans tous les cas, mais, comme le porte le nouvel art. 563 C. C., « lorsque le mari est commerçant au moment de la célébration du mariage ou lorsque, n'ayant pas alors de profession déterminée, il est devenu commerçant dans l'année. »

Le législateur de 1808 assimilait au mari commerçant lors de son mariage le mari fils de négociant, n'ayant à l'époque du mariage aucun état ou profession déterminée, qui devenait négociant à une époque quelconque antérieure à la faillite et même le mari ayant à l'époque du mariage une profession déterminée autre que celle de négociant s'il devenait commerçant dans l'année qui suivait la célébration du mariage.

Comme on l'a vu plus haut, la femme n'est privée aujourd'hui des garanties de droit commun que lorsqu'il lui a été raisonnablement possible de prévoir que son mari pouvait courir les chances d'une faillite. Sous l'empire du Code de 1808, au contraire, la femme était exposée à voir, par la suite, ses intérêts gravement compromis, sans qu'elle pût s'en être doutée le moins du monde. Comment ! par cela seul qu'une femme épouse un fils de commerçant, elle doit s'attendre à ce qu'il sera tôt ou tard commerçant lui-même dans dix, quinze, vingt ans ? elle épouse une homme qui, au jour de son mariage, a une profession autre que celle de commerçant, elle doit prévoir qu'il va devenir commerçant dans l'année ?

La loi de 1838 s'est renfermée dans de plus sages limites : les dispositions de la loi commerciale ne s'appliqueront à la femme qu'autant que le mari sera négociant au jour du mariage ou le sera devenu dans l'année de la célébration, n'ayant alors aucune profession déterminée.

Il va sans dire que, pour savoir si le mari est négociant ou non, il ne faut pas s'en rapporter toujours aux énonciations contenues au contrat de mariage. Le mari peut y prendre la qualité de négociant et ne pas l'avoir; de même; il peut s'être donné dans l'acte une tout autre profession, et cependant, à cette même époque, se livrer habituellement à des actes de commerce. Tout réside donc dans le fait.

Arrivons à l'explication de l'art. 563 (C. Com.) : « Lorsque le mari sera commerçant au moment de la célébration du mariage, dit cet article, ou lorsque, n'ayant pas alors d'autre profession déterminée, il sera devenu commerçant dans l'année, les immeubles qui lui appartiendront à l'époque de la célébration du mariage ou qui lui seraient advenus depuis, soit par succession, soit par donation entre vifs ou testamentaires, seront seuls soumis à l'hypothèque de la femme : 1° pour les deniers et effets mobiliers qu'elle aura apportés en dot ou qui lui seront advenus depuis le mariage par succession ou donation entre vifs ou testamentaire dont elle prouvera la délivrance et le payement par acte ayant date certaine ; 2° pour le remploi de ses biens aliénés pendant le mariage ; 3° pour indemnité des dettes par elle contractées avec son mari. » Nous voyons que l'énumération des créances de la femme contenues dans l'article précédent est à peu près celle de l'art. 2135 ; il n'y a que les conventions matrimoniales qui n'y sont pas mentionnées.

Le Code de 1808 (art. 551) n'accordait pas d'hypothèque légale à la femme pour les deniers et effets mobiliers qui lui seraient advenus pendant le mariage, tant par succession que par donation ; la loi de 1838 lui a rendu cette hypothèque; elle n'exige plus un acte authentique ; il suffit que la preuve du payement des deniers et de la délivrance des effets ou legs résulte d'un acte ayant date certaine.

Il était vraiment exagéré de refuser à la femme une hypothèque pour les deniers ou effets mobiliers lui advenant par succession ou donation; une grande partie de sa fortune pouvait être compromise : aussi le législateur de 1838 s'est montré moins sévère à juste titre ; il n'exige qu'une chose, une preuve certaine du payement des valeurs échues à la femme.

Une clause très-fréquente dans les contrats de mariage est que la célébration du mariage vaudra quittance; cette clause dans le contrat de mariage d'un commerçant forme, à notre avis, une preuve suffisante du payement, et, par suite, la femme doit être admise à exercer son hypothèque.

Qu'on n'aille pas objecter que cette solution rend la fraude trop facile. Une quittance ayant date certaine offre-t-elle donc plus de garantie? L'unique droit qu'il faille reconnaître aux créanciers est donc celui d'établir la fraude.

Nous avons fait remarquer que, parmi les créances citées par l'art. 563, C. Com., il n'était point question des conventions matrimoniales qui, dans l'art. 2135 C. N., sont classées sur la même ligne que la dot. Si nous nous reportons à l'art. 564 C. Com., nous y lisons : « La femme dont le mari était commerçant à l'époque de la célébration du mariage, ou dont le mari, n'ayant pas alors d'autre profession déterminée, sera devenu commerçant dans l'année qui suivra cette célébration, ne pourra exercer dans la faillite aucune action à raison des avantages portés au contrat de mariage, et, dans ce cas, les créanciers ne pourront, de leur côté, se prévaloir des avantages faits par la femme au mari dans ce même contrat. » Les avantages portés au contrat de mariage, dont parle l'article, sont précisément les conventions matrimoniales que nous trouvons dans l'article 2135 ; la femme, n'ayant point d'action à l'égard de ces créances, n'avait pas besoin d'hypothèque.

Le législateur, par une juste réciprocité, n'accorde aux créanciers du mari aucun droit sur les avantages faits à ce dernier par sa femme dans ce même contrat.

La femme n'a donc pas d'hypothèque légale pour les donations par contrat de mariage que pourrait lui faire son mari. Il eût été trop dur pour les créanciers, peut-être réduits à la misère par la faillite du mari, de voir la femme de leur débiteur vivre dans la richesse et l'opulence et jouir tranquillement des libéralités qui lui ont été faites dans le contrat de mariage par son mari. Du reste, les créanciers ne doivent-ils pas être payés avant que la femme ne reçoive les avantages que lui a promis son mari; les créanciers, en effet, *certant de damno vitando*, et la femme *de lucro captando*.

L'art. 563 C. Com. laisse pourvu de l'hypothèque légale, comme le fait l'art. 2135, le remploi des biens de la femme aliénés pendant le mariage et l'indemnité des dettes contractées avec le mari. Le Code de 1808 accordait également à ces créances la protection de l'hypothèque légale.

Le rang de l'hypothèque légale n'est point fixé d'une manière invariable pour la femme comme pour le mineur. Le projet du Conseil d'État fut d'abord de n'établir aucune différence entre ces deux hypothèques, et, de même que l'hypothèque du mineur a une date unique, celle de l'entrée en fonctions du tuteur, de même aussi la femme devait avoir hypothèque pour toutes ses créances contre son mari, du jour de la célébration du mariage. Mais cette faveur exceptionnelle ne fut pas accordée à la femme, sur les observations du Tribunat, qui fit remarquer combien ce système serait contraire à l'équité. Les rédacteurs du Code ont adopté pleinement les considérations qui leur étaient proposées, et l'article 2135, dont la teneur suit, consacra la pensée du Tribunat : « L'hypothèque existe, indépendamment de toute inscription : 1°. . . . . ; 2° au profit des femmes, pour raison de leurs dot et conventions matrimoniales, sur les immeubles de leur mari, et à compter du jour du mariage. La femme n'a hypothèque pour les sommes dotales qui proviennent de successions à elle échues ou de donations à elles faites pendant le mariage, qu'à compter de l'ouverture des successions ou du jour que les donations ont eu leur effet. Elle n'a hypothèque pour l'indemnité des dettes qu'elle a contractées avec son mari et pour le remploi de ses propres aliénés qu'à compter du jour de l'obligation ou de la vente. » Après la lecture de l'article précédent, voici la règle générale qu'on peut formuler : l'hypothèque légale de la femme mariée prend rang à compter du jour où naît chaque créance.

Nous allons voir maintenant les diverses applications de la règle :

1° *Dot et conventions matrimoniales.* L'hypothèque légale doit remonter au jour du mariage. Quant à la dot, peu importe qu'elle ait été payée ou qu'elle soit devenue exigible qu'après la célébration du mariage.

Une difficulté s'est produite à raison des termes différents employés dans l'art. 2135 et dans l'art. 2194. L'art. 2135 parle du jour du mariage comme point de départ de l'hypothèque, et l'art. 2194, qui a trait à la purge des hypothèques légales, attribue aux inscriptions requises dans un certain délai qu'il indique le même effet que si elles avaient été prises au jour du contrat de mariage. On sait que le contrat de mariage est l'acte passé devant notaire et qui précède toujours le mariage civil. Il y a, dit-on, antinomie entre ces deux articles.

Pour trancher la difficulté, on a supposé que le législateur a voulu distinguer le cas où les époux ont fait un contrat de mariage du cas où ils se sont mariés sans contrat. S'il y a eu contrat, il faut s'en rapporter à l'art. 2194 ; s'il n'y a point eu contrat, on doit s'en référer à l'art. 2135.

Il en était ainsi dans l'ancien droit, mais la justification était facile ; aujourd'hui, pareille interprétation ne peut être donnée.

Dans l'ancienne jurisprudence, l'hypothèque prenait rang du jour du contrat, parce que le contrat notarié entraînait hypothèque ; mais aujourd'hui que l'hypothèque n'est pas conférée par les actes notariés, elle ne prend naissance que du jour du mariage.

Que signifie alors l'art. 2194? Par contrat de mariage, il entend celui passé devant l'officier de l'état civil ; on confond quelquefois les deux.

2° *Successions.* L'hypothèque existe à compter du jour de l'ouverture de la succession, dit l'art. 2135. Il n'y a point à tenir compte de la circonstance que le partage ait été fait après : car le mari doit veiller aux intérêts de sa femme du jour où la succession est ouverte.

3° *Donations.* Selon notre article, l'hypothèque existe du jour que la donation a eu son effet, c'est-à-dire du jour où elle est devenue parfaite.

4° *Indemnité des dettes que la femme a contractées conjointement ou solidairement avec son mari.* Le jour de l'obligation est celui où l'hypothèque prend naissance si l'obligation est constatée par acte authentique ; si, au contraire, l'obligation est constatée par acte sous-seing privé, il y a hypothèque du jour où le titre a acquis date certaine, car ceux à qui l'hypothèque sera opposée sont des tiers (art. 1328). L'opinion contraire donnerait lieu à une fraude facile. On ne pourrait pas convenir que l'hypothèque prendra rang du jour du mariage (article 6 du Code Napoléon).

5° *Remploi des propres aliénés de la femme.* L'hypothèque existe du jour de la vente.

La femme mariée sous le régime dotal aurait une hypothèque prenant rang à compter de la célébration du mariage pour le remploi de ses immeubles dotaux aliénés par le mari pendant le cours du mariage.

L'expression de *propres* de l'art. 2135 ne s'applique qu'aux biens d'une femme mariée sous le régime de la communauté. En outre, nous trouvons un second argument en faveur de cette solution dans le mot « *dot* » employé dans le 2° de l'art. 2135 qui accorde à la femme hypothèque légale à dater du mariage pour la restitution de sa dot.

Pour les autres créances de la femme et dont ne parle pas l'art 2135, il y a toujours à observer la même règle : l'existence de l'hypothèque et celle de la créance se trouvent corrélativement liées : en conséquence, la date de l'hypothèque est précisément celle de la créance.

Nous avons dit que la femme avait une hypothèque légale pour ses créances paraphernales contre son mari ; quelle est la date de cette hypothèque ? L'hypothèque datera du mariage quand le mari aura reçu de sa femme, par le contrat de mariage, mandat de toucher les créances paraphernales ; dans le cas contraire, l'hypothèque n'aura d'effet que du jour du versement fait au mari.

S'il s'agissait de sommes paraphernales comprises dans des successions échues à la femme ou dans des donations à elles faites au cours du mariage, la femme, à raison de ces sommes, n'aurait hypothèque qu'à compter de l'ouverture des successions ou du jour que les donations auraient eu leur effet (§ 2 du n° 2 de l'article 2135). La règle établie par notre article pour les sommes dotales doit, à plus forte raison, être suivie pour les sommes paraphernales que la loi protége avec moins de faveur.

Pour l'indemnité des dettes contractées avec son mari par la femme mariée sous le régime dotal ou pour l'indemnité du prix de ses biens aliénés, l'hypothèque a pour date le jour de l'obligation ou celui de la vente (Argt. d'analogie du § 3 du n° 2 de l'art. 2135). Cette solution cependant a été contestée. La date de l'hypothèque, prétend-on, doit être placée au jour où la femme viendra à acquitter l'obligation contractée par elle avec son mari ou au jour où le mari aura reçu le prix des paraphernaux aliénés. On se base sur l'opinion des auteurs qui admettent la négative sur la question de savoir si la disposition de l'art. 1450, qui rend le mari garant du défaut de remploi lorsque la vente a été faite en sa présence ou de son consentement, est applicable au cas de paraphernalité. Se ranger à l'avis de ces auteurs, c'est reconnaître que l'obligation du mari ne naîtra que du jour où il touchera le prix de la vente, et en conséquence que l'hypothèque, accessoire de la créance, ne pourra naître qu'en même temps que celle-ci.

Quant à ceux qui, comme nous, pensent que dans l'art. 1450 il y a une disposition applicable même au cas de séparation contractuelle et de paraphernalité, ils disent que l'hypothèque de la femme, pour le remploi de ses paraphernaux aliénés, ne peut avoir de date que du jour de l'aliénation. La créance de la femme, en effet, n'existe qu'à partir de ce jour-là, puisque le mari a pris dès ce jour même l'obligation de veiller au remploi.

Enfin la femme paraphernale a-t-elle à répéter des dommages et intérêts contre son mari, par suite de la négligence ou pour le fait de celui-ci : l'hypothèque aura sa date du jour même du préjudice, par exemple si le mari a commis des dégradations sur l'immeuble paraphernal, s'il a laissé des prescriptions s'accomplir sur cet immeuble.

Quant aux créances dotales qui ne sont pas comprises dans l'énumération de notre art. 2135, la date de l'hypothèque remonte à la date même du mariage. Citons les indemnités dues à la femme pour les dégradations commises par le mari sur l'immeuble dotal; les sommes reçues par le mari à la suite d'actions rescisoires existant à l'époque du mariage et qui étaient comprises dans la dot; le prix de réméré perçu par le mari, par suite de l'exercice du pacte de rachat stipulé pour un immeuble compris dans la constitution dotale de sa femme.

La femme, pour toutes ses créances contre son mari, est dispensée de prendre inscription. Nous avons vu, en effet, au commencement de l'art. 2135 : « L'hypothèque existe, *indépendamment de toute inscription* : 1°. . . . . ; 2° au profit des femmes pour raison de leur dot et conventions matrimoniales... »

C'est sur ceci surtout que la loi a été vivement critiquée. Faire de la publicité la base de notre régime hypothécaire, a-t-on dit, et, d'un autre côté, admettre que des droits réels grèvent la propriété sans être révélés, c'est associer ensemble les idées les plus contradictoires.

Le crédit foncier, dans tous les cas, est gravement

compromis. Il ne peut s'établir que par la connaissance parfaite de l'état de la propriété ; il est détruit dès lors qu'on admet que les hypothèques légales des femmes, des mineurs peuvent être occultes. L'unique moyen de rétablir la sûreté de l'hypothèque, c'est d'admettre la publicité absolue de la loi de brumaire an VII ; il n'y a que cette façon de savoir si les immeubles sont libres et dans quelles mesures ils sont grevés. Voici, en résumé, les critiques dirigées contre la dispense d'inscription accordée à la femme et au mineur.

Cependant, cette faveur accordée à l'hypothèque légale de la femme s'explique facilement par l'état de dépendance dans lequel elle se trouve vis-à-vis de son mari. On ne pouvait faire porter sur elle les suites d'une négligence qu'elle ne pouvait empêcher; pour elle, l'inscription ne devait être qu'une simple formalité et non une condition d'existence de l'hypothèque. Les motifs qui ont déterminé le législateur à faire exister de plein droit l'hypothèque légale de la femme sont les mêmes qui ont fait assurer à cette hypothèque son efficacité, indépendamment de toute formalité extérieure. La femme qui ne peut stipuler une hypothèque de son mari, vu son état de subordination, n'eût pas été assez indépendante pour prendre des mesures moyennant l'accomplissement desquelles la conservation de l'hypothèque peut être assurée. La loi aurait donc manqué de prévoyance en ne venant point à son secours et en ne supposant pas accomplies ces mesures qui, dans le droit commun, assurent à l'hypothèque toute son efficacité.

La dispense d'inscription est à l'abri de toute critique, aujourd'hui surtout que certains inconvénients et certains dangers qui avaient été introduits par la pratique ou qui provenaient d'une lacune dans la législation ont cessé d'exister.

D'abord, la loi du 10 juillet 1850 met les tiers à même d'apprendre, par l'acte de célébration du mariage, si les époux ont ou n'ont pas fait de contrat; il est donc facile de se préserver contre la fausse déclaration des femmes qui disent s'être mariées sans contrat, tandis qu'elles en auraient un d'où résulterait pour elles l'incapacité d'aliéner.

D'un autre côté, la loi du 23 mars 1855, qui, par son art. 8, ordonne l'inscription des hypothèques légales dans un certain délai après la cessation des causes qui ont décidé l'exception, et, par son art. 9, l'inscription des subrogations, a fait de l'exception de notre article une exception toute personnelle.

Après toutes ces réformes, qu'il était raisonnable d'accorder, un seul danger pourra se présenter : un prêteur peut placer ses fonds sur un homme marié qui sera parvenu à lui dissimuler son état de mari. Or, le mariage est assez public pour qu'un tiers traitant avec le mari ne puisse être induit en erreur sans avoir une grande négligence à se reprocher.

Nous avons dit en quoi consiste l'exception consacrée par l'art. 2135 en faveur de la femme mariée, au principe que l'hypothèque n'existe que par l'inscription. Mais cette exception continue-t-elle à subsister quand a cessé l'état de subordination de la femme qui l'a motivée? La question soulevait avant la loi de 1855 les difficultés les plus sérieuses; aujourd'hui, depuis cette loi du 23 mars

1855, il n'y a plus de doute à cet égard. Avant d'étudier la disposition de la loi nouvelle pour ce qui est relatif à notre sujet, nous allons rappeler brièvement la jurisprudence à laquelle avait donné lieu la question que nous avons posée plus haut.

A la suite de la publication du Code Napoléon, dans le silence de la loi sur l'époque à laquelle devait prendre fin la dispense d'inscription accordée à la femme, on avait cru devoir admettre quelques dispositions de la loi du 11 brumaire an VII empruntées à l'édit de 1673.

L'édit de 1673 portait que les femmes devaient former opposition sur les biens de leur mari et la faire enregistrer, savoir : les femmes séparées, dans les quatre mois de l'action du jugement de séparation, et les femmes devenues veuves dans l'année qui suivrait le décès de leurs maris.

La loi du 11 brumaire an VII, se guidant sur ces dispositions de l'édit et les appropriant à son système qui voulait que même les hypothèques légales fussent inscrites, disposait que « l'effet des inscriptions subsisterait sur les époux pour tous leurs droits et conventions de mariage, soit déterminées, soit éventuelles, *pendant tout le temps du mariage et même une année après.* »

D'après ces précédents, quelques tribunaux, à l'origine, voyant dans l'inscription un acte purement conservatoire, crurent que la loi avait bien pu dispenser la femme, tant qu'elle en était empêchée, du soin de conserver son hypothèque légale, mais que, lorsque arrivait la dissolution du mariage, il n'y avait plus d'obstacle à ce que la femme ne fût placée dans le droit commun et qu'en conséquence elle n'eût à prendre inscription. Et, comme dans le Code Napoléon, il n'était pas question de délai dans lequel la femme devenue veuve dût prendre une inscription, on supposa que la formalité devait être remplie au plus tard dans le délai où les inscriptions doivent être renouvelées : dans dix ans (art. 2154) à compter de la dissolution du mariage, si les immeubles avaient continué de rester aux mains du mari ou de ses héritiers ; ou dans le délai ou forme prescrit pour tous les créanciers hypothécaires, si l'immeuble grevé de l'hypothèque légale avait été aliéné après la dissolution du mariage.

Ce système très-arbitraire était universellement repoussé. On reconnaissait au contraire que l'hypothèque légale de la femme devait être indéfiniment affranchie de l'inscription ; un avis du Conseil d'État du 8 mai 1812 l'avait décidé ainsi : « Le mode de purger les hypothèques légales des femmes et des mineurs établi par le Code Napoléon est applicable *aux femmes veuves* et aux mineurs devenus majeurs, ainsi qu'à leurs héritiers ou autres représentants, il n'y a pas nécessité de fixer un délai particulier *aux femmes après la mort de leurs maris*, et aux mineurs devenus majeurs ou à leurs représentants pour prendre inscription. »

La jurisprudence avait reconnu à son tour que l'hypothèque légale de la femme mariée devait se conserver entière après la dissolution du mariage, sans aucun besoin d'inscription ; ces données étaient d'une exactitude parfaite sous l'empire du Code Napoléon, à défaut de dispositions fixant un délai dans lequel la femme est tenue de faire inscrire sa créance sur les biens de son mari.

On s'était élevé cependant contre la solution prise par le Conseil d'État : « Car prétendre, comme le faisait le Conseil d'État, disait-on, qu'il n'y avait pas nécessité de fixer un délai particulier aux femmes après la mort de leurs maris, et aux mineurs devenus majeurs, ou à leurs représentants pour prendre inscription, c'était donner peu d'attention à l'intérêt des créanciers qui contracteraient avec le mari, après la mort de sa femme, ou avec le tuteur, après la cessation de la tutelle, et qui n'ont aucun moyen de connaître l'existence de l'hypothèque légale, alors surtout qu'il s'est écoulé un assez long espace de temps depuis que le mariage ou la tutelle ont cessé. La loi de Brumaire était beaucoup plus sage : elle donnait à l'inscription prise sur les biens du mari l'effet de conserver l'hypothèque pendant tout le temps du mariage, et une année après (art. 23). »

La lacune que présentait le Code à cet égard a été remplie par une loi nouvelle, la loi du 23 mars 1855, dont les art. 8 et 11 s'expriment comme il suit : « Art. 8. Si la veuve, le mineur devenu majeur, l'interdit relevé de l'interdiction, leurs héritiers ou ayants cause n'ont pas pris inscription *dans l'année* qui suit la dissolution du mariage ou la cessation de la tutelle, leur hypothèque ne date à l'égard des tiers que du jour des inscriptions prises ultérieurement. » — « Art. 11. L'inscription exigée par l'art. 8 doit être prise dans l'année, à compter du jour où la loi est » (exécutoire, c'est-à-dire à partir du 1er janvier 1856) ; « à défaut d'une inscription dans ce délai, l'hypothèque légale ne prend rang que du jour où elle est ultérieurement inscrite. »

Nous allons, maintenant, passer à l'étude de ces dispositions de la loi du 23 mars 1855.

La femme n'est tenue de s'inscrire que quand le mariage est dissous. L'art. 8, en effet, parle *de la veuve*, puis après *de la dissolution du mariage*. La loi de 1855 n'est pas allée aussi loin que l'édit de 1673, qui obligeait non-seulement *la veuve*, mais encore *la femme séparée de biens*, à former son opposition sur les biens de son mari et à la faire enregistrer dans un délai déterminé. Ce n'est pas sans intention que le législateur n'a pas adopté l'extension de l'édit, qui du reste avait été proposée. Il a considéré que si la femme obtient, par la séparation, un droit d'administration plus ou moins grand, elle n'est pas, pour cela, complétement à l'abri de l'influence maritale, et, en conséquence, assez indépendante pour veiller elle-même à la conservation de ses droits.

Il n'y a donc que la dissolution du mariage qui impose à la femme l'obligation de rendre publique son hypothèque ; jusque-là les causes en vue desquelles la dispense d'inscription a été introduite par le Code Napoléon continuent de subsister.

Si le mariage est dissous par la mort de la femme, les héritiers doivent-ils requérir inscription ? L'art. 8 ne parle que de la veuve et de ses héritiers ou ayants cause ; il ne dit rien des héritiers de *la femme mariée*. Mais en consultant l'esprit de la loi, il faut décider que les héritiers de la femme dont la mort opère la dissolution du mariage, doivent faire inscrire l'hypothèque légale qu'ils trouvent dans la succession de celle qui représentent. Ils ne se trouvent pas vis-à-vis du mari dans l'état de dépendance d'où résulte la dispense d'inscription.

Mais si les héritiers de la femme mariée sont mineurs, y a-t-il obligation d'inscrire l'hypothèque légale ? Il faut distinguer.

Les mineurs sont placés sous une tutelle indépendante du mari survivant. Il n'y a pas ici l'état de subordination qui explique la faveur de la loi. Ils sont soumis à l'autorité d'un tuteur, mais ce tuteur n'est pas le débiteur de la dot ; il n'y a pas entre lui et son pupille opposition d'intérêts ; il devra donc prendre inscription.

Les mineurs, ce qui se présente le plus ordinairement, sont les enfants du mariage et sous la tutelle légale de leur père. A l'état de dépendance de la femme vis-à-vis de son mari, succède un état d'incapacité pour les enfants ; ils demandent à être protégés comme l'était leur mère. L'hypothèque subsistera indépendamment de toute inscription. Mais quel sera le rang de cette hypothèque ? conservera-t-elle la date qu'elle avait entre les mains de la mère ? ou ne prendra-t-elle rang qu'au jour de la dissolution du mariage, qui est le jour de l'ouverture de la tutelle ? Nous pensons que l'hypothèque aura toujours sa première date ; elle n'est que la continuation de celle qu'avait la mère ; elle n'a rien de commun avec celle qui prend naissance dans le fait de la tutelle ; il n'y a pas de raison pour qu'elle date du jour où la tutelle commence. Il serait bien cependant que le subrogé tuteur, qui doit représenter les mineurs quand leurs intérêts sont opposés à ceux du tuteur, prît inscription pour l'hypothèque légale de la femme.

Le législateur ne pouvait décider que l'hypothèque ne serait efficace qu'à la condition qu'elle fût inscrite aussitôt que cesserait l'état de dépendance. Il ne devait pas non plus ordonner que, pour la femme dont l'état était changé à l'époque de la promulgation de la loi, la dispense d'inscription s'arrêterait à la mise à exécution de la loi. Il fallait dans l'un et l'autre cas, en suivant en cela les données de l'édit de 1673, prendre le fait, assigné pour terme à la dispense d'inscription, comme point de départ du délai pendant lequel la femme aurait à inscrire son hypothèque.

Ainsi la femme qui deviendra veuve aura le délai d'un an pour rendre son hypothèque publique. La femme qui est veuve à la date de la loi nouvelle aura également le délai d'une année pour s'inscrire.

Tant que le délai d'un an n'est pas expiré, l'acquéreur d'un immeuble grevé de l'hypothèque légale ne peut le purger qu'en se conformant aux prescriptions du chapitre IX (2193-2195 C. N). La transcription que l'acquéreur aurait requise de son acte de vente, qui, en principe, arrête le cours des inscriptions et consolide la propriété de l'immeuble sur sa tête, ne pourrait le dispenser de la nécessité de payer ou de délaisser. La transcription ne peut arrêter le cours des inscriptions de l'hypothèque légale, quand elle survient dans le délai accordé par la loi pour opérer l'inscription. L'acquéreur doit donc voir si l'hypothèque légale qui pèse sur l'immeuble jouit encore des prérogatives que lui a accordées le législateur. Si le délai pour prendre inscription n'est pas écoulé, il doit recourir, pour la purge, à la procédure particulière des art. 2193-2195, C. N.

L'hypothèque légale frappe les immeubles acquis par le mari depuis la dissolution du mariage, sans qu'il y ait besoin de prendre inscription, tant que le délai d'une année n'est pas expiré ; elle primera donc celle des créanciers auxquels le mari aurait conféré des hypothèques et qui auraient pris inscription au cours du délai.

Il y a des auteurs qui, tout en admettant que l'hypothèque légale s'étend aux immeubles acquis après la dissolution du mariage, croient cependant que, par suite de la loi nouvelle, l'hypothèque est soumise à l'inscription pour son existence, parce que, le mariage dissous, la femme n'est plus incapable et par conséquent est forcée de s'inscrire. Il n'y a plus en effet d'incapable à protéger ; mais là n'est pas la question : il y a un créancier que la loi n'abandonne pas aussitôt qu'il a conquis sa capacité et qui a un certain délai pour accomplir les formalités qui doivent conserver ou consolider son droit. Or, il est dans la nature des choses que l'hypothèque reste pendant ce délai ce qu'elle était pendant le mariage. Donc si l'hypothèque subsiste avec ses prérogatives après la dissolution du mariage, tant que dure le délai, il faut, par voie de conséquence, reconnaître qu'elle s'étend, vu son caractère de généralité, aux immeubles acquis pendant ce même délai, et que, d'après la règle qui lui confère son rang et sa date indépendamment de l'inscription, elle porte sur ces immeubles à ce rang et à cette date ; le créancier n'aura qu'à veiller à ce que le délai ne s'écoule pas sans qu'ait été remplie la formalité qui doit définitivement assurer ce rang et cette date.

Quand l'hypothèque légale a été inscrite au cours du délai fixé par la loi, le droit hypothécaire de la femme est définitivement fixé. Les tiers acquéreurs qui voudront purger devront le faire en les formes indiquées non dans le chapitre IX, mais dans le chapitre VIII qui est relatif à la purge des hypothèques inscrites.

Si l'hypothèque légale n'a pas été inscrite pendant le délai d'un an, l'hypothèque a perdu et son droit de suite et son droit de préférence.

Le tiers-acquéreur doit suivre la procédure indiquée pour la purge des hypothèques légales quand il commence à purger dans le cours du délai ; la prérogative de l'art. 2135 est conservée en effet à l'hypothèque légale tant qu'il reste quelque chose à courir du délai déterminé par la loi pour la révéler. La femme peut donc bénéficier des délais propres à cette procédure de la purge légale. La purge, par exemple, est commencée dans le onzième mois qui a suivi la dissolution du mariage ; la femme peut s'inscrire à la fin du second mois de l'exposition du contrat (art. 2194 et 1194). L'inscription ne sera prise que treize mois après la dissolution du mariage, un mois donc après l'expiration du délai spécial de la loi de 1855 ; le tiers acquéreur n'y devra pas moins avoir égard : c'est là une conséquence de la purge qu'il a dû suivre.

Mais quand l'hypothèque légale de la femme n'a pas été inscrite dans l'année qui est accordée par la loi de 1855 pour requérir inscription, l'acquéreur qui veut procéder aux formalités de la purge n'a plus à redouter l'hypothèque légale.

Si nous nous occupons de rechercher ce que devient

le droit de préférence, quand la femme a laissé passer, sans inscrire son hypothèque légale, le délai d'un an de la loi du 23 mars 1855, nous n'avons qu'à mettre la femme en présence d'autres créanciers du mari ; elle a perdu le rang qu'avait son hypothèque ; les créanciers inscrits avant le délai accordé à la femme la primeront. Celle-ci peut encore vivifier son hypothèque par une inscription, mais elle n'aura plus la date du mariage, si elle garantit, par exemple, la dot ; elle n'aura que le rang d'inscription de droit commun ; elle ne pourra plus atteindre les immeubles aliénés par le mari pendant le mariage.

L'hypothèque légale inscrite dans le délai d'un an après la dissolution du mariage ne conserve pas moins son caractère de généralité ; elle affecte tous les immeubles qui se trouvent entre les mains du mari ; ceux qui se trouvent dans son domaine et les biens qui pourront y entrer par la suite.

Si nous nous reportons aux termes de l'art. 8, qui dit qu'à défaut d'inscription dans l'année, après la dissolution du mariage, l'hypothèque ne date à *l'égard des tiers* que du jour des inscriptions prises ultérieurement, nous devons remarquer que la loi, en faisant perdre à l'hypothèque légale non inscrite dans le délai fixé la plus grande de ses prérogatives, s'occupe exclusivement de l'intérêt des tiers auxquels le mari aurait conféré des droits réels sur les immeuble grevés ; nous devons conclure qu'à l'égard du mari et qu'à l'égard des tiers mêmes qui n'auraient pas de droits réels sur les immeubles, l'hypothèque non inscrite dans le délai n'en conserve pas moins tous les avantages que le Code Napoléon lui a conférés.

La nécessité de l'inscription dans l'année qui suit la dissolution du mariage dispensera dans certains cas l'acquéreur des biens du mari de la purge de l'hypothèque légale de la femme. Le mari a aliéné un de ses immeubles ; l'acquéreur a fait transcrire l'acte de vente, et le mari est venu à mourir ; la femme laisse écouler le délai d'une année sans prendre inscription, elle ne pourra plus se prévaloir de son hypothèque à l'encontre du tiers acquéreur ; il lui dira que, sans doute, quand il a acquis l'immeuble, elle n'était point soumise à la règle de l'art. 6, qu'il n'a pu par conséquent, se prévaloir du défaut d'inscription avant la transcription de son acte d'acquisition, mais qu'une année s'est écoulée depuis la dissolution de son mariage ; que son hypothèque, dès lors, est soumise aux règles des hypothèques ordinaires et que par conséquent elle ne date à l'égard des tiers que du jour de l'inscription et qu'on ne peut donc lui opposer une inscription prise postérieurement à sa transcription. Le tiers acquéreur sera alors dispensé de la purge par l'expiration de l'année sans inscription.

Le législateur, dans le but d'atténuer le plus possible les dangers de l'hypothèque occulte des femmes, impose à certaines personnes l'obligation de requérir l'inscription en accordant à d'autres la faculté seulement de le faire.

Le crédit public et le crédit privé sont si étroitement intéressés au maintien de la spécialité et de la publicité de l'hypothèque, qu'il semble que la loi n'a dérogé qu'à regret aux dispositions qui en font une nécessité. Ainsi, de même que les trois articles que nous allons étudier démontrent que le législateur se préoccupe beaucoup de la publicité, de même nous avons une preuve, dans les art. 2140 à 2145 C. N., qu'il songe encore à la spécialité, puisqu'il donne le moyen de l'appliquer à l'hypothèque légale quand le gage hypothécaire excède notoirement les sûretés dues à la femme.

La loi part de cette idée que s'il est juste d'admettre que l'efficacité de l'hypothèque ne doit pas dépendre d'une inscription que la femme ne peut pas prendre à cause de la situation particulière dans laquelle elle se trouve, il n'est pas indifférent pour les tiers que, au moment où se produit le fait générateur de l'hypothèque, une inscription vienne en révéler extérieurement l'existence.

Les art. 2136, 2138 et 2139 portent ce qui suit :

Sont toutefois les maris et les tuteurs tenus de rendre publiques les hypothèques dont leurs biens sont grevés, et, à cet effet, de requérir eux-mêmes, sans aucun délai, inscription aux bureaux à ce établis, sur les immeubles à eux appartenant et sur ceux qui pourront leur appartenir par la suite.

Les maris et les tuteurs qui, ayant manqué de requérir et de faire faire les inscriptions ordonnées par le présent article, auraient consenti ou laissé prendre des privilèges ou des hypothèques sur leurs immeubles, sans déclarer expressément que lesdits immeubles étaient affectés à l'hypothèque légale des femmes et des mineurs seront réputés stellionataires et, comme tels, contraignables par corps.

A défaut par les maris, tuteurs, subrogés tuteurs,

de faire faire les inscriptions ordonnées par les articles précédents, elles seront requises par le procureur impérial près le tribunal de première instance du domicile des maris ou tuteurs, ou du lieu de la situation des biens.

Pourront les parents, soit du mari, soit de la femme, et les parents du mineur, ou, à défaut de parents, ses amis, requérir lesdites inscriptions; elles pourront aussi être requises par la femme et par les mineurs.

Avant d'entrer dans les explications des textes précédents, nous devons tout d'abord faire remarquer que l'art. 2136 a subi une récente modification en ce qui concerne l'application qu'il fait de la contrainte par corps. La contrainte par corps a été abolie par la loi du 22 juillet 1867.

Le mari doit requérir l'inscription de l'hypothèque légale de la femme aussitôt la célébration du mariage : car l'hypothèque prend naissance par le fait du mariage, et la loi commande au mari de faire inscrire sans délai l'hypothèque.

L'inscription doit être requise sur tous les immeubles que le mari possède au jour du mariage et sur tous ceux qui lui adviendront par la suite, car l'hypothèque est générale. Mais de ce qu'une inscription prise dans un bureau n'a d'effet que sur les immeubles situés dans l'arrondissement du bureau, il s'ensuit que le mari doit, s'il possède des immeubles dans divers arrondissements, inscrire l'hypothèque légale dans le bureau de chacun de ces arrondissements.

Après avoir prescrit au mari de requérir inscription au profit de sa femme, la loi, qui craint sans doute qu'il ne soit pas porté à remplir cette obligation, car l'inscription doit porter sur ses propres biens, et par conséquent paralyser son crédit, s'adress eaux officiers du ministère public. Ici encore, le législateur s'exprime en termes impératifs, quoique moins absolus que lorsqu'il parle des maris ; il y a pour le procureur impérial une obligation qui lui est imposée.

Il ne faut point perdre de vue que les dispositions qui nous occupent ont pour but de protéger les tiers. La femme, en effet, n'a point avantage à ce que l'inscription soit prise ; son hypothèque n'en existe pas moins pour cela. Or, comme les tiers peuvent eux-mêmes veiller à leurs propres intérêts, le ministère public doit apporter une réserve plus grande que s'il s'agissait de sauvegarder les droits de la femme elle-même qu'il a pour mission de défendre. Dans l'origine, cela n'avait pas été parfaitement compris des procureurs impériaux : aussi, en présence d'un trop grand zèle déployé lors de la promulgation du Code, une circulaire du Grand Juge, en date du 15 septembre 1806, a recommandé beaucoup de discrétion dans l'application de cette mesure. En se conformant aux instructions de la circulaire de 1806, l'action du ministère public eût été sans inconvénient ni danger ; mais, aujourd'hui, il est arrivé que, par une exagération en sens contraire depuis cette instruction, l'art. 2138 est tombé en désuétude.

Il n'y a pas ou peu de parquets, il faut le dire, qui songent à exécuter cette disposition de la loi, qui est devenue une lettre morte.

Cette mission confiée aux procureurs impériaux, il ne faut pas l'étendre et l'accorder à d'autres fonctionnaires. Les conservateurs, par exemple, n'ont aucun droit à prendre une inscription en faveur de la femme; ils ne doivent y procéder que sur la réquisition du procureur général.

La loi invite certaines personnes à demander l'inscription de l'hypothèque légale de la femme; elle y autorise les parents du mari et de la femme. Les convenances s'opposaient à ce que la loi admît pour la femme, comme elle l'admet pour le mineur, que des amis agissant pour elle pussent en son nom requérir inscription.

Les inscriptions prises au nom de la femme par un tiers non parent, sans le consentement de celle-ci ou de son mari, sont généralement annulées par les tribunaux.

Le législateur n'exige chez les personnes qui requièrent inscription aucune capacité civile: la femme n'a pas besoin de l'autorisation de son mari; ceci résulte évidemment de la nécessité de la situation; le mari qui n'a pas fait inscrire l'hypothèque n'aurait pas donné vraisemblablement son autorisation, pour qu'à son défaut inscription soit prise. Ce serait retirer la faculté accordée par la loi à la femme de requérir elle-même inscription que de l'assujettir à demander le consentement préalable de son mari.

Les maris qui, n'ayant pas fait faire les inscriptions ordonnées par l'art. 2136, ont consenti ou laissé prendre des priviléges ou des hypothèques sur leurs immeubles, sans déclarer expressément que lesdits immeubles s'étaient affectés à l'hypothèque légale de leurs femmes, seront réputés stellionataires et, comme tels, contraignables par corps. La loi ajoute ici un troisième cas de stellionat aux deux prévus par l'art. 2059. « Il y a stellionat lorsqu'on vend ou qu'on hypothèque un immeuble dont on sait n'être pas propriétaire ; — lorsqu'on présente comme libres des biens hypothéqués ou que l'on déclare des hypothèques moindres que celles dont ces biens sont chargés. » Ajoutons que, d'après notre article, il y a stellionat aussi pour les maris, non-seulement lorsqu'ils font une fausse déclaration sur la situation hypothécaire des immeubles offerts en gage, mais encore lorsqu'ils gardent le silence sur les hypothèques qui grèvent l'immeuble du chef de leurs femmes. Cette disposition est encore plus sévère que celle de l'art. 2059, et avec raison : dans l'hypothèse de l'art. 2059, le tiers peut connaître la vérité sur les inscriptions ; dans celle de l'art. 2136, il ne le peut pas ; et le silence que le mari garde le rend coupable d'un dol nécessitant une exception au principe qu'il n'y a pas de stellionat sans fausse déclaration. Pour rentrer dans le droit commun, il n'a qu'à prendre inscription : de cette façon il évitera la peine qui le menace. S'il n'a pas pris inscription, pour échapper au stellionat, il faut de sa part une déclaration formelle.

Rien ne peut suppléer cette déclaration précise, même la connaissance que les tiers peuvent avoir de l'existence de l'hypothèque légale sur les biens du mari.

La peine du stellionat nous vient du droit romain. A Rome, on ne connaissait pas la publicité en matière hypothécaire ; pour protéger les créanciers contre les débiteurs de mauvaise foi qui pouvaient constituer des hypothèques au delà de la valeur de leurs biens, en tenant secrets leurs engagements, on condamnait les stellionataires aux mines, au bannissement temporaire ou à la dégradation. L'art. 2059 n'est pas aussi rigoureux ; aujourd'hui, il ne peut plus être question même de la sanction décrite dans cet article ; nous avons dit qu'elle a été supprimée par la loi abolitive de la contrainte par corps du 22 juillet 1867.

L'art. 2136 vise deux hypothèses : le mari a consenti ou il a laissé prendre des hypothèques ou des priviléges sur ses immeubles. Le mari peut consentir une hypothèque, cela se comprend. Mais, ce qui tout d'abord se comprend moins, c'est qu'il puisse laisser prendre une hypothèque et surtout un privilége. Voici, cependant, comment on peut expliquer ces expressions : pour l'hypothèque, c'est facile : le mari, pendant le mariage, est chargé d'une tutelle ; ses immeubles, par conséquent, sont grevés d'une seconde hypothèque ; il ne doit pas laisser prendre cette seconde hypothèque sans déclarer la première.

La justification peut paraître plus difficile pour le privilége qui est toujours légal : l'art. 2136 reçoit cependant son application dans un cas : celui où le mari vendant un immeuble qui lui est propre est désintéressé par un tiers qui lui paie son prix de vente ; il subroge ce tiers dans son privilége de vendeur ; il consent un privilége ; il doit faire la déclaration que lui impose l'article 2136. Le subrogé, en effet, a tout intérêt à être averti de l'existence de l'hypothèque légale de la femme mariée, puisque cette hypothèque légale vient en rang préférable au privilége qu'il tient du mari.

BIENS QUE FRAPPE L'HYPOTHÈQUE LÉGALE

DE LA FEMME MARIÉE.

L'hypothèque légale de la femme mariée est générale. Le motif en est que, le montant des créances de la femme étant indéterminé, il fallait que l'hypothèque fût indéterminée elle-même, comme les créances.

En effet, si on connaît tout d'abord l'importance de la dot et des conventions matrimoniales (et ces dernières même ne sont pas toujours précisées à l'avance), est-il possible de prévoir à quel chiffre s'élèveront les sommes provenant de successions, de donations échues à la femme, pendant le mariage? Est-ce que les dommages et intérêts résultant des fautes commises par le mari peuvent être fixés *à priori*?

Décider d'une manière certaine dans quelle mesure le mari pouvait être constitué débiteur à raison de ces créances, n'était pas chose réalisable: c'est ce qui explique la généralité de l'hypothèque légale.

Toutefois, la généralité n'est point de l'essence, mais de la nature seulement de l'hypothèque légale. Le créancier qui a une hypothèque légale peut exercer son droit sur tous les immeubles de son débiteur « sous les modifications qui seront ci-après exprimées », lisons-nous à la fin de l'art. 2122.

C'est qu'en effet l'hypothèque légale peut être restreinte, quand il y a disproportion trop grande entre la créance et l'hypothèque. Cette restriction peut résulter ou de la convention des parties ou d'une décision judiciaire. Nous étudierons, dans ce même chapitre, les art. 2140 et 2144 C. N. : car sous ces articles il est traité de la restriction conventionnelle et de la restriction judiciairement autorisée ; ce sera, par conséquent, l'étude des exceptions après celle de la règle.

L'hypothèque légale de la femme porte sur tous les immeubles présents et à venir du mari ; sur tous les immeubles présents, c'est-à-dire ceux que le mari possède à l'époque où l'hypothèque prend naissance ; sur les immeubles à venir, c'est-à-dire ceux qui lui sont advenus plus tard à n'importe quel titre.

L'hypothèque frappera même les immeubles acquis, postérieurement à la dissolution du mariage, par le mari, à une époque, donc, où ce dernier aura perdu la qualité de mari : car l'art. 2122 comprend l'ensemble des biens du mari sans faire de distinction entre eux.

On peut objecter que l'art. 2121 dit : « Les droits et créances auxquels l'hypothèque légale est attribuée sont ceux des femmes mariées sur les biens *de leur mari* » ; et que cette qualité de mari n'existe plus à la dissolution du mariage.

Mais à cela on répond que la terminologie du Code n'est pas assez exacte pour en tirer argument. On dit très-souvent « le mari, le tuteur » dans le langage du monde et de la loi pour celui qui a été mari ou tuteur (voyez les art. 301 et 471 du Code Napoléon).

Mais est-ce que l'hypothèque grèvera les immeubles personnels des héritiers ? En présence de l'art. 2122, il faut résoudre négativement la question : le texte, en effet, ne parle que des immeubles « appartenant au débiteur », et, comme le dit Loysel, « générale hypothèque de tous biens, comprend les présents et à venir et non ceux des hoirs ». Il est bien vrai que les héritiers légitimes du mari et, comme tels, continuant sa personne, pourront être tenus des dettes de leur auteur, et qu'ils auront à subir, en conséquence, l'exercice de l'hypothèque légale ; mais ce n'est qu'en tant qu'héritiers. Pour se soustraire au recours de la femme, il leur suffira ou de renoncer à la succession ou de l'accepter sous bénéfice d'inventaire.

Une question toujours controversée est celle de savoir si l'hypothèque légale de la femme porte sur les conquêts de la communauté.

Avant d'étudier les deux hypothèses qui peuvent se présenter, nous allons examiner quels effets se produisent, suivant que la femme renonce à la communauté ou l'accepte. De là dépend la solution de la question.

Lorsque les époux sont mariés sous le régime de la communauté, une sorte de société, dont la loi fixe les règles avec le plus grand soin, s'établit entre eux. Ils sont tous deux copropriétaires des biens de la communauté.

Le mari, dans l'intérêt de la prospérité de la société conjugale et de la bonne harmonie du ménage, a des pouvoirs très-étendus : il est administrateur avec tous les droits d'un propriétaire ; il peut tout ; il lui est interdit seulement de disposer des biens de la communauté à titre gratuit, si ce n'est à titre particulier et, encore, en ne se réservant pas l'usufruit.

En regard de l'avantage immense concédé au mari,

la loi fait à la femme une position privilégiée qu'elle seule peut prendre. Elle a le même droit que le mari dans le partage des biens de la communauté, mais avec une faculté bien remarquable, celle de répudier toutes les conséquences de leur association. Elle peut ou accepter la communauté à sa dissolution, ou y renoncer.

Si elle l'accepte, elle ratifie les actes du mari; elle est censée lui avoir donné mandat de la représenter dans tous les actes qu'il a faits, comme administrateur de la communauté.

Renonce-t-elle, au contraire : elle est réputée avoir toujours été étrangère à l'administration du mari et, par conséquent, n'en subira, en aucune façon, les suites.

On comprend aisément la situation du mari et celle de la femme.

La femme, par son acceptation, donne son approbation aux actes que le mari a faits, en tant qu'administrateur, eût-il géré même d'une façon déplorable, eût-il commis des délits ou des quasi-délits entraînant des dommages et intérêts.

Il ne faudrait pas dire, cependant, que la femme, en acceptant la communauté, ratifie l'aliénation d'un de ses propres que le mari aurait consentie. Ce n'est point là un acte que le mari a pu faire, en vertu de son pouvoir d'administrateur. La femme a donc le droit de revendiquer l'immeuble. Quant aux dommages et intérêts qui seront réclamés par le tiers détenteur, la femme, par suite de son acceptation de la communauté, s'engage à y contribuer dans la limite de son émolument.

Après avoir exposé ces principes, nous arrivons aux

deux hypothèses possibles que nous annoncions tout à l'heure.

Les conquêts de la communauté n'ont pas été aliénés. L'hypothèque légale portera sur eux, si la femme renonce à la communauté, qui devient alors patrimoine du mari. Si la femme accepte la communauté, l'hypothèque portera sur la part seule du mari ; il est inutile de dire qu'elle ne portera pas sur le lot de la femme. Mais remarquons que si la femme se trouve en concours sur ces mêmes biens avec des créanciers hypothécaires, elle ne pourra venir qu'après eux.

Les conquêts de la communauté ont été aliénés. L'hypothèque portera-t-elle sur ces conquêts aliénés? Oui, si la femme renonce à la communauté, la communauté est censée n'avoir jamais existé ; on objecte que cette solution est destructive du crédit du mari. Le même inconvénient n'existe-t-il pas pour les propres de ce dernier? En outre, on peut faire intervenir à l'acte la femme dont le consentement équivaudra à une ratification de la vente.

Mais si la femme accepte la communauté, elle ratifie, par cela même, les actes du mari ; elle ne pourra plus exercer son hypothèque légale sur les conquêts, objet de l'aliénation.

Cette doctrine est consacrée par la jurisprudence.

Si le mari est propriétaire d'immeubles sous condition suspensive, l'hypothèque, comme la propriété elle-même, est subordonnée à l'avénement de la condition; si la condition se réalise, la femme exercera son hypothèque sur ces biens comme sur les autres ; si, au contraire, elle ne s'accomplit pas, le mari n'est pas propriétaire, et, en vertu de l'effet rétroactif de la condition, il est réputé ne l'avoir jamais été ; l'immeuble est affranchi de l'hypothèque légale.

Ici se place tout naturellement l'examen de la question suivante : Quel est le droit hypothécaire de la femme par rapport à un immeuble vendu antérieurement au mariage par le mari, et sur lequel ce dernier a un droit de réméré ? L'hypothèque légale ne s'étend pas à l'immeuble aliéné ainsi avec faculté de rachat, si le droit de réméré n'est pas exercé dans le délai fixé ; il est vrai de dire que jamais l'hypothèque légale ne pourra atteindre le bien qui est l'objet de ce droit. Si, au contraire, la condition s'accomplit au profit du mari, que le réméré soit exercé, l'immeuble, aussitôt l'acquisition, recevra l'empreinte de l'hypothèque.

Il faut, remarquons-le, que ce soit le mari lui-même qui profite de la faculté de rachat qu'il s'est réservée ; s'il avait cédé son droit de réméré à un tiers qui, plus tard, l'exercerait, l'immeuble ainsi racheté échapperait à l'hypothèque. Dès lors que le mari a mis un tiers cessionnaire en son lieu et place, il renonce à exercer par lui-même le droit qu'il avait stipulé.

Supposons qu'un immeuble appartienne au mari sous condition résolutoire et que la condition vienne à se réaliser : le droit d'hypothèque de la femme s'évanouira en même temps que le droit de propriété du mari. Il y a exception cependant à ce principe dans deux cas : l'un prévu par l'art. 952 et l'autre par l'art. 1054. L'art. 952 dispose : « L'effet du droit de retour sera de résoudre toutes les aliénations des biens donnés, et de faire revenir ces biens au donateur, francs et quittes de toutes charges et hypothèques, sauf néanmoins l'hypothèque de la dot et des conventions matrimoniales, si les autres biens de l'époux donataire ne suffisent pas, et dans le cas seulement où la donation lui aura été faite par le même contrat de mariage, duquel résultent ces droits et hypothèques. »

Remarquons que, d'abord, la donation doit être faite dans le contrat de mariage. L'hypothèque légale, comme toute autre hypothèque, ne pourrait pas s'exercer si la donation avait été faite soit avant le contrat de mariage, soit depuis que le mariage est célébré. La femme, avant de se prévaloir de son hypothèque sur les biens qui font l'objet de la donation, devra discuter, au préalable, les autres biens du mari : car l'hypothèque ici est subsidiaire. Elle ne garantit, en outre, que la dot et les conventions matrimoniales ; elle ne protége pas le remploi des propres aliénés, par exemple, et généralement les créances postérieures au contrat de mariage.

Le donateur, par une volonté manifestement exprimée, peut déroger aux dispositions de l'art. 952.

Ainsi, rien ne s'oppose à ce qu'il ne stipule que l'immeuble donné avec réserve du droit de retour sera soumis à l'hypothèque légale, même pour garantir toutes les créances de la femme ; l'hypothèque, au lieu d'être subsidiaire, pourra être principale, s'il y a dans l'acte de donation une clause qui l'établisse ainsi ; la femme exercerait alors son hypothèque sur les immeubles composant la donation tout comme sur les immeubles du mari.

De même, aussi, le donateur peut restreindre la portée

de l'art. 952; il peut déclarer qu'il entend exercer son droit de résolution même vis-à-vis de la femme.

La femme du grevé de substitution jouit aussi d'une hypothèque sur les immeubles que son mari est tenu de restituer : c'est l'objet de l'art. 1054.

Le droit d'hypothèque est plus restreint dans l'espèce de l'art. 1054 que dans celle de l'art. 952; il ne peut s'exercer que lorsqu'il y a insuffisance des biens du mari, et seulement quand le donataire l'a expressément ordonné. Le législateur ne permet pas d'étendre la disposition au delà des termes qu'emploie l'article. Ces biens mis hors du commerce dans le but d'être conservés aux enfants ne peuvent leur être soustraits que dans un cas bien digne d'intérêt et déterminé avec soin par la loi. Le texte est positif quand il s'agit de préciser en vertu de quelle créance la femme est admise à exercer son hypothèque sur les biens du mari grevé de substitution; ce n'est que pour la dot qu'elle pourra agir hypothécairement sur ces immeubles, qui ne peuvent pas être atteints par l'hypothèque légale, même pour les intérêts de la dot.

L'hypothèque légale ne s'évanouit pas par cela seul que le mari a aliéné l'immeuble affecté à cette sûreté. Elle a des racines trop fortes; il eût été trop facile au mari de l'anéantir, si une simple aliénation avait suffi. Cette simple observation donne la solution d'une question qui n'est pas résolue uniformément par tout le monde.

Un mari a échangé un de ses immeubles grevé de l'hypothèque légale. L'hypothèque légale continue de subsister sur l'immeuble échangé; elle atteint aussi l'immeuble acquis, en vertu de l'art. 2122. Elle porte donc sur les deux immeubles à la fois. Il semble que cette augmentation de garantie au cours du mariage est contraire à l'équité; mais cette injustice n'est qu'apparente. Le coéchangiste aurait dû recourir aux formalités de la purge.

Il y aurait encore un résultat analogue si le mari, après avoir vendu un de ses immeubles, employait le prix à en acquérir un autre. L'hypothèque légale suivrait l'immeuble aliéné dans les mains de l'acheteur; elle frapperait l'immeuble acquis au moment même où il devient la propriété du mari.

Nous avons vu, dans le chapitre précédent, les restrictions que la loi commerciale, dans certains cas, apporte aux droits des femmes, au point de vue des créances qu'elles peuvent avoir à exercer contre leur mari; nous avions réservé, pour les étudier sous ce chapitre, les modifications que le Code de commerce a introduites relativement à l'étendue du gage immobilier. Il semble tout naturel qu'après nous être occupé de la généralité de l'hypothèque légale nos explications portent maintenant sur les exceptions à ce grand principe et au nombre desquelles figure la restriction du gage hypothécaire de la femme, au cas de faillite du mari.

Aux termes du nouvel art. 563 C. Comm., les immeubles qui appartenaient au mari à l'époque de la célébration du mariage, ou qui lui sont advenus depuis, soit par succession, soit par donation entre vifs ou testamentaire, sont seuls soumis à l'hypothèque légale de la femme.

D'après le Code de 1808, l'hypothèque de la femme

ne pouvait porter que sur les seuls immeubles appartenant au mari à l'époque de la célébration du mariage. Comme on le voit, les rédacteurs de l'ancien Code de commerce s'étaient montrés bien rigoureux ; ils y avaient été poussés, avons-nous dit, par les grands scandales de l'époque, qui amenèrent la rédaction du Code de 1808, avec ces dispositions exagérées que nous avons déjà signalées.

Le législateur de 1838 a donc innové heureusement encore dans le titre modificatif des faillites, quand il a fixé l'étendue du gage hypothécaire de la femme.

Pourquoi en effet soustraire à l'hypothèque de la femme les immeubles acquis par le mari, pendant le cours du mariage, soit par succession, soit par donation ? On comprend aisément que les immeuble sacquis à titre onéreux aient été écartés. Il était permis de supposer que l'argent des créanciers pouvait être employé à l'achat de cesimmeubles. Accorder à la femme le droit de venir,la première, exercer ses reprises sur ces biens, de les absorber tous par son hypothèque légale, eût été de toute injustice.

Maisla fortune du mari peut s'accroître par des causes indépendantes de sa volonté : par des causes où il est impossible de découvrir la moindre intention frauduleuse; il peut recueillir une succession ; unedonation, un testament peut être fait en sa faveur. Pourquoi enlever à la femme la faculté de venir se présenter, avec son hypothèque, pour être colloquée sur le prix d'immeubles que le mari détient à titre d'héritier ou de donataire ? Les créanciers peuvent-ils se plaindre de ce que la femmeobtient, dans ce cas, le bénéfice du droit commun ? Mais non.

A la discussion de l'art. 563 on objectait que, permettre à la femme d'exercer son hypothèque légale sur les biens du mari provenant de succession, c'était donner lieu à la fraude. Le mari, disait-on, se fera attribuer sa part héréditaire en immeubles, au lieu de la recevoir en argent. De cette manière la femme trouverait, par son hypothèque sur les immeubles, un avantage qui n'existerait pas pour elle si le mari avait pris sa part en argent.

Il fut répondu très-judicieusement qu'un moyen était offert aux créanciers d'empêcher toute connivence entre le mari et ses copartageants. En vertu de l'article 882 C. N., les créanciers ont le droit d'intervenir dans le partage, pour qu'il ne soit pas fait en fraude de leurs droits.

Ajoutons qu'il se peut faire que le mari soit seul héritier. La présence d'un mineur, d'un interdit, d'un absent suffit en outre pour que le partage se fasse en justice.

Suppose-t-on que dans la donation il y ait possibilité de fraude ? L'acte de donation cache peut-être un acte de vente. Ce n'est guère à craindre, il faut le reconnaître, en raison de toutes les combinaisons, de toutes les complicités qu'il faudrait admettre. N'y a-t-il pas, du reste, la voie de la preuve, qui est toujours ouverte, à l'aide de laquelle les créanciers feront tomber les actes frauduleux ?

Attachons-nous à nous bien pénétrer de la pensée du législateur ; il sera facile ensuite de résoudre quelques espèces qui ont été le sujet d'interprétations diverses.

Y a-t-il lieu de croire que les immeubles qui se

trouvent en la possession du mari ont été achetés avec l'argent de ses créanciers? l'hypothèque légale de la femme ne les atteindra pas. Au contraire, l'origine ne peut-elle en être suspectée? ce sont des immeubles dont le mari était propriétaire, au moment du mariage, ou il les a acquis par succession, par donation: alors ils sont frappés de plein droit par l'hypothèque.

Passons en revue, maintenant, quelques exemples qui pourront se présenter. L'hypothèque légale de la femme du commerçant en faillite peut-elle s'étendre aux améliorations d'un des immeubles du mari, opérées pendant le mariage? Distinguons les simples améliorations des constructions nouvelles. Les premières sont un acte de bonne administration où on ne peut rien voir de frauduleux ; elles ne seront jamais bien considérables ; il serait difficile de déterminer la plus-value résultant de ces améliorations. L'hypothèque légale portera sur elles. Il en est autrement des constructions nouvelles ; elles ne seront pas soumises à l'hypothèque. On admet ici une dérogation pareille à celle introduite en faveur des architectes (art. 2103 *in fine*. On reconnaît l'existence de deux immeubles. Il y a présomption pour croire que la construction a été élevée avec l'argent des créanciers.

L'immeuble qu'acquiert le mari par voie d'échange ne sera frappé de l'hypothèque légale de la femme qu'autant qu'il sera la valeur représentative de l'immeuble cédé; il ne la subira pas, au contraire, au cas d'échange avec une soulte assez considérable pour qu'on y puisse voir un prix de vente jusqu'à concurrence.

Enfin, que décider si le mari a obtenu, par suite d'un

partage, la totalité d'un immeuble où il avait un droit indivis lors du mariage? L'hypothèque légale de la femme portera-t-elle sur la part acquise? on a répondu que oui, en argumentant de l'art. 883 C. N. : le partage est déclaratif de propriété.

Nous croyons cependant qu'il faut résoudre négativement la question. L'art. 883 est opposable entre parties, mais ne peut pas être opposé aux tiers. Nous avons toujours ici le même motif de décider : la loi n'accorde pas hypothèque sur la partie de l'immeuble dont le mari a remboursé le prix; à ses yeux, la provenance des deniers comptés au copartageant est suspecte.

La loi de 1838 est bien plus favorable aux femmes que le Code de 1808: aussi son application donne lieu à une question transitoire qui a suscité quelques difficultés : quelle est la loi qui doit être prise pour règle ; à l'effet de déterminer l'étendue de l'hypothèque légale de la femme d'un commerçant en faillite? Est-ce la loi existante à l'époque du mariage, la loi de 1808, ou celle en vigueur quand survient la faillite, la loi de 1838? L'hypothèque de la femme, dans le cas où l'ancienne loi ne la reconnaissait pas, ne datera que du jour de la promulgation de la loi nouvelle; mais sera-t-elle opposable aux créanciers chirographaires antérieurs à cette promulgation? On dit qu'il y a lieu de distinguer si la créance a date certaine ou non; dans le premier cas, il y a droit acquis. Notre opinion est que le débiteur a toute liberté de constituer tel droit réel; et, pourvu qu'il n'y ait point eu fraude, le créancier chirographaire est tenu de respecter la constitution de ce droit; c'est la loi elle-même qui, dans notre espèce, a consenti l'hypothèque;

peut-on dire que ce soit frauduleusement? nous reconnaissons donc que l'hypothèque légale est opposable à tout créancier chirographaire dont la créance est née avant la promulgation de la loi de 1838.

Nous sommes conduit, en terminant ce chapitre, à étudier une deuxième exception à la règle que l'hypothèque légale de la femme mariée est générale.

Nous avions annoncé, avant de traiter de la généralité de l'hypothèque légale de la femme au point de vue du gage hypothécaire, une dérogation à ce grand principe ; le moment est venu d'y consacrer quelques explications.

Les textes que nous allons commenter sont ceux des art. 2140 et 2144. Il est question, dans ces articles, de la restriction de l'hypothèque légale de la femme en faveur du mari.

Nous verrons, quand nous nous occuperons de la subrogation à l'hypothèque légale, en quoi les restrictions prévues par les art. 2140 et 2144 se distinguent de la renonciation en faveur des tiers.

La généralité est un caractère inhérent à l'hypothèque légale. Mais quand les intérêts de la femme ne s'y opposent pas, il est juste de ramener cette garantie à la spécialité, qui forme le droit commun. Ainsi la dot de la femme est minime ; la fortune du mari, au contraire, est considérable : le gage est hors de proportion avec la créance.

Le législateur, dans un but d'ordre public, ne pouvait pas laisser le crédit du mari embarrassé d'entraves inutiles ; il devait plutôt offrir un moyen d'atténuer les effets rigoureux de la généralité de l'hypothèque, quand tout le patrimoine d'un mari n'est pas nécessaire à la sûreté de la créance de sa femme.

L'hypothèque légale de la femme mariée peut être restreinte dans son étendue, toutes les fois que le mari offre une garantie proportionnée aux droits de celle-ci.

La restriction peut avoir lieu par contrat de mariage ou pendant le mariage; dans ce dernier cas, elle est plus spécialement appelée réduction.

Nous examinerons tour à tour ces deux hypothèses.

Les époux peuvent convenir, dans leur contrat de mariage, qu'il ne sera pris d'inscription que sur un ou certains immeubles du mari, et convertir ainsi l'hypothèque générale en hypothèque spéciale.

La loi s'oppose en termes formels à ce que la femme mariée fasse l'abandon absolu de la sûreté établie en sa faveur : « Il ne pourra pas être convenu, dit l'art. 2140, qu'il ne sera pris aucune inscription. » La rédaction primitive de l'art. 49, correspondant, dans le projet, à l'art. 2140 du Code, portait au contraire : « Lorsque dans le contrat de mariage les parties seront convenues qu'il ne sera pris *aucune* inscription sur les immeubles du mari, ou qu'il n'en sera pris que sur un ou certains immeubles, *tous* les immeubles du mari, ou ceux qui ne seraient pas indiqués pour l'inscription, resteront libres et affranchis de l'hypothèque pour la dot de la femme et pour ses reprises. »

M. Bigot-Préameneu proposa d'autoriser seulement les parties à restreindre l'hypothèque légale.

On lui objecta qu'il n'était pas possible de refuser à celle qui peut faire donation de tous ses biens le droit de renoncer à son hypothèque. On rappela les art. 1387 et 1389, C. N., qui laissent toute latitude aux époux pour les dispositions de leur contrat de mariage, sauf ce qui concerne l'ordre public et les bonnes mœurs; mais ces considérations ne prévalurent pas.

La proposition de M. Bigot-Préameneu fut admise, et la prohibition expresse qui se trouve à la fin de l'art. 2140 fut ajoutée. Sans cette prohibition, comme le faisait remarquer, du reste, le Premier Consul, dans la discussion de la loi, la renonciation absolue fût devenue une clause de style dans tout contrat de mariage : c'était, pour lors, la suppression de l'hypothèque légale.

Les époux, au lieu de dire qu'il ne sera pris inscription que sur tels ou tels immeubles, que l'hypothèque, par conséquent, ne portera que sur les immeubles déterminés, peuvent convenir qu'il ne sera pas pris inscription sur tels ou tels immeubles, et, par conséquent, que l'hypothèque portera sur tous les immeubles du mari autres que ceux nommément désignés. Dans ce dernier cas, la restriction serait consentie par voie de *dégrèvement* et n'en serait pas moins valable.

Mais ces deux moyens diffèrent non-seulement quant aux termes, mais aussi quant à leurs effets. Dans le premier cas, la restriction imprime le caractère de la spécialité à l'hypothèque générale de la femme ; cette hypothèque devient, en quelque sorte, une hypothèque conventionnelle ; tandis que, dans le second cas, l'hypothèque légale subsiste avec son caractère propre, celui de la généralité, elle continue de grever tous les immeubles qui n'ont pas été expressément exceptés.

A l'aide de la différence que nous venons de signaler entre la restriction par voie de *dégrèvement* et la restriction par voie de *spécialisation*, nous pourrons aisément résoudre la question suivante. La femme qui a consenti à restreindre son hypothèque légale peut-elle exercer son droit hypothécaire sur les immeubles advenus ultérieurement au mari, par donation, par succession par exemple? La solution de la question dépend des termes dans lesquels la restriction a été consentie.

Si la femme a procédé par voie de spécialisation, c'est-à-dire si elle a désigné certains immeubles comme devant être seuls soumis à l'hypothèque légale, il est clair que son action hypothécaire ne pourra s'étendre aux immeubles acquis par le mari, postérieurement à la restriction.

Si une restriction par voie de dégrèvement a été stipulée, les immeubles, à mesure des acquisitions ultérieures par le mari, sont venus se ranger sous l'hypothèque légale. La femme, en effet, n'a renoncé à son hypothèque que sur les immeubles qu'elle a déclarés affranchis.

Le législateur met une condition à la restriction de l'hypothèque légale : c'est que les époux soient majeurs.

Nous croyons que les expressions de l'art. 2140 sont trop absolues. Bien que le mari ne serait pas majeur comme la femme elle-même, la restriction ne nous semble pas moins possible. Le mari qui, dans son contrat de mariage, obtient que l'hypothèque de sa femme soit restreinte, et qui soustrait, pour lors, une partie de ses immeubles, a une charge aussi lourde et aussi préjudiciable à son crédit que celle de l'hypothèque légale, bien loin de faire un sacrifice, ne stipule uniquement que dans son intérêt. Or, dans une pareille situation, le mineur ne saurait avoir un obstacle dans sa minorité ; il est de principe, en effet, que le mineur est suffisamment apte, toutes les fois qu'il s'agit de faire sa condition meilleure.

Donc, la femme seulement devra être en état de majorité. Si la loi a parlé de *parties majeures*, c'est que, comme il arrive le plus ordinairement que dans le mariage la différence d'âge est au profit de la femme, elle pensait que le mari serait à plus forte raison majeur, dans le cas où la future elle-même était majeure.

Ceux qui croient que le mari doit également être majeur disent que la restriction par contrat de mariage peut être fâcheuse pour lui, car elle le prive du droit de demander la réduction de l'hypothèque de la femme pendant le mariage.

Mais il faut nécessairement que la femme soit majeure ; la jurisprudence et la doctrine n'hésitent pas à l'admettre, se basant sur le texte même de l'art. 2140, et sur l'expression de *parties majeures* qui y a été introduite par suite d'amendement ; cette expression n'a été employée par le législateur que dans le but de n'accorder qu'à la femme majeure le pouvoir de restreindre son hypothèque légale par son contrat de mariage ; il faut s'incliner devant la volonté de la loi. Cette condition cependant est bien rigoureuse : car la femme mineure a une capacité absolue pour régler ses conventions matrimoniales, pourvu qu'elle soit assistée des personnes qui autorisent le mariage.

Peut-être pourrait-on répondre que les rédacteurs du Code, de même que ceux de la loi *Julia*, ont pensé qu'il y avait un grave danger pour la femme mineure à lui permettre de consentir la restriction de son hypothèque, qu'elle n'en éprouverait aucune gêne immédiate et que dès lors elle n'en apercevrait pas toutes les conséquences; qu'il n'y avait pas le même danger à lui permettre de faire des concessions par contrat de mariage.

Pour que l'hypothèque légale soit restreinte, il faut le consentement de la femme. S'il n'est formel et précis, il faut au moins qu'il ne reste aucun doute sur sa renonciation partielle à son hypothèque; il produira alors l'affranchissement des immeubles du mari dans la mesure fixée par la convention.

L'art. 2140, qui ne permet pas à la femme de renoncer d'une manière absolue à son hypothèque, n'assigne du reste aucune limite à la restriction. Cette omission est d'autant plus digne de remarque, que l'art. 2144 décide autrement quand il est question de la réduction au cours du mariage. Il nous semble donc que la femme ne pourra pas plus tard faire annuler sa renonciation, du moins au préjudice des tiers, se fondant sur ce que le peu de valeur des immeubles restés grevés de l'hypothèque légale rend illusoires ses garanties. Mais nous croyons qu'il y aura lieu d'appliquer l'art. 2131 et que la femme pourra s'adresser aux tribunaux, pour obtenir un supplément d'hypothèque; remarquons toutefois que cette nouvelle hypothèque ne prendra rang vis-à-vis des tiers que du jour de l'inscription, car jusque-là les tiers sont en droit de croire qu'ils traitent en toute sécurité, puisqu'ils traitent dans les termes du contrat de mariage.

Les époux peuvent-ils, dans le contrat de mariage, en restreignant l'hypothèque légale de la future épouse à certains immeubles du mari spécialement désignés, stipuler que cette hypothèque pourra être transportée avec le consentement de la femme sur d'autres immeubles du mari, moyennant quoi, les immeubles présentement affectés à l'hypothèque en demeureront affranchis ?

La Cour de cassation ne l'admet pas; elle a fait connaître son opinion sur ce point en cassant un arrêt de la cour de Grenoble, le 5 mai 1852. Elle se prononce contre la non-validité de la clause, « attendu que les dispositions de l'art. 2140 sont prohibitives de telles conventions, par l'effet desquelles la femme, pendant le mariage, alors qu'elle est sous la puissance de son mari, pourrait, hors de la surveillance de sa famille et de la justice, compromettre sa dot et ses droits les plus importants et les plus précieux. »

M. Troplong remarque avec beaucoup de raison, à notre avis, qu'en faisant appel au concours de la justice et de la famille, la Cour de cassation a confondu deux situations distinctes, celle que prévoit l'art. 2144 et celle qui est régie par l'art. 2140. Dans le premier cas, le concours de la famille et de la justice a paru nécessaire, parce qu'il s'agit de restreindre, au cours du mariage, une hypothèque à laquelle le contrat avait laissé son caractère de généralité. Mais lorsque la restriction est opérée par le contrat de mariage, il n'est pas besoin de prendre les mêmes précautions; il ne s'agit plus que de substituer, en vertu de la convention insérée au contrat, aux immeubles primitivement désignés, d'autres immeubles qui d'abord se trouvaient virtuellement affranchis.

Tout se résume à ceci : Les époux peuvent-ils se réserver, par leur contrat, la faculté de faire une telle substitution? Nous ne connaissons aucun texte qui prohibe cette clause. Les époux peuvent stipuler une restriction pure et simple : pourquoi ne pourraient-ils pas la stipuler conditionnelle, c'est-à-dire avec la faculté de reporter l'hypothèque sur d'autres immeubles que ceux désignés primitivement? Dira-t-on que l'intérêt des tiers est sacrifié? Mais ne peuvent-ils pas toujours consulter le contrat de mariage qui les avertira du danger qu'il peut y avoir pour eux à traiter avec le mari? Ils doivent agir en conséquence; ils ne peuvent même pas exiger que la femme prenne inscription sur les immeubles substitués.

On objectera que cette clause, bien loin d'être favorable au crédit du mari, sera un obstacle à ce qu'il puisse emprunter sur les biens mêmes qu'il avait affranchis de l'hypothèque légale. C'est un inconvénient, il est vrai, mais qui ne regarde que lui seul et qui ne peut être invoqué par les tiers.

Enfin les immeubles qui ne sont pas compris parmi ceux qui continuent à être grevés de l'hypothèque légale sont, par cela même, affranchis de cette hypothèque. Ceci résulte de l'art. 2140, qui déclare que ces immeubles *resteront libres et affranchis*. En conséquence, l'art. 2142 dispose que le mari ne sera tenu de requérir inscription que sur les immeubles qui demeurent frappés de l'hypothèque légale. Remarquons, en terminant, que l'art. 2140 s'applique à toute femme mariée sans distinction de régime; en outre, que la restriction ne peut être consentie par la femme qu'au moment où l'hypothèque va prendre naissance, c'est-à-dire dans le contrat de mariage. Si la femme restreignait son hypothèque par tout autre acte, la restriction serait considérée comme non avenue; l'hypothèque conserverait son caractère de généralité, bien que dans un acte qui ne serait pas le contrat de mariage la femme désignât un ou plusieurs immeubles comme étant seuls soumis à l'hypothèque. Les époux, cependant, pourraient réduire l'hypothèque par une contre-lettre dans la forme de l'art. 1396. On sait, en effet, que dans ce cas la contre-lettre se relie aux conventions matrimoniales qu'elle modifie.

Passons à la seconde hypothèse qu'il nous reste à examiner.

L'hypothèque légale peut être réduite au cours du mariage. Il est possible que la fortune immobilière du mari, peu importante au moment du mariage, s'accroisse pour différentes causes, par succession, par son industrie, par son travail; son crédit immobilier peut s'élever bien au delà de ce qui est nécessaire, pour garantir pleinement les reprises de la femme. Le législateur devait-il permettre que toute cette fortune qui vient se placer à mesure qu'elle est acquise, sous l'hypothèque légale, en restât toujours affectée, sans que le moyen ne fût accordé au mari d'en distraire une partie? Non, c'eût été de toute injustice : aussi, l'art. 2144 a été rédigé comme suit : « Pourra pareillement le mari, du consentement de sa femme, et après avoir pris l'avis des quatre plus proches parents d'icelle, réunis en assemblée de famille, demander que l'hypothèque générale sur tous ses immeubles, pour raison de la dot, des reprises et conventions matrimoniales, soit restreinte aux immeubles suffisants pour la conservation entière des droits de la femme ».

Bien que l'art. 2144 ne le dise pas expressément comme l'art. 2140, la femme ne peut pas renoncer d'une façon absolue à son hypothèque; c'est une faculté qui lui est interdite pendant le mariage aussi bien qu'au moment où le mariage est contracté.

Pour que la réduction puisse être consentie, il faut que l'hypothèque légale n'aie pas déjà été restreinte par le contrat de mariage. Nous avons déjà dit que l'hypothèque ainsi restreinte était en quelque sorte une hypothèque conventionnelle; on peut donc lui appliquer la disposition de l'art. 2161 : l'action en réduction ou radiation des inscriptions ne s'applique pas aux hypothèques conventionnelles.

Autres conditions exigées pour obtenir la réduction d'hypothèque : 1° il faut que l'hypothèque générale excède notoirement les sûretés suffisantes pour garantir la gestion du mari.

2° La femme, nous le croyons, doit être majeure, bien que l'art. 2144 ne l'exige pas. Le législateur veut que la femme, lorsqu'elle est entourée de sa famille, qu'elle est libre encore et indépendante, soit en état de majorité, pour qu'elle puisse consentir à la restriction de son hypothèque, au moment où elle contracte mariage, et il permettrait qu'elle fût relevée de son incapacité d'y consentir, dès le lendemain du mariage, à une époque, par conséquent, où elle subit l'influence maritale et qu'elle est sans défense! Nous savons bien que le consentement seul de la femme n'est pas suffisant, qu'il faut, de plus, l'avis de ses quatre plus proches parents et l'homologation du tribunal; mais ce consentement, nous le verrons bientôt, est nécessaire; c'est tout d'abord à la femme de voir si elle le doit donner; il lui faut donc toute sa liberté d'action; il faut qu'elle agisse en connaissance de cause. Si, dans les prévisions du législateur, la femme mineure n'est pas capable de donner ce consentement libre dans l'hypothèse de l'art. 2140, elle en sera plus incapable encore dans celle de l'art. 2144 au jour où elle est sous l'entière dépendance de son mari.

3° Le consentement de la femme est indispensable; mais si le mari offre des garanties suffisantes et que la femme refuse de consentir à la réduction de son hypothèque, le mari peut-il l'y contraindre et obtenir du tribunal une réduction?

L'affirmative a ses partisans, voici les raisons qu'ils invoquent: L'art. 2161 est écrit spécialement pour donner au débiteur un moyen de faire réduire les hypothèques générales, sans le consentement du créancier; cet article, écrit pour les hypothèques légales et judiciaires trouve son application, dans le cas de l'hypothèque légale de la femme. L'art. 2144, qui exige, il est vrai, le consentement de la femme, prévoit une toute autre hypothèse que l'art. 2161. L'art. 2144 se réfère au cas où la réduction de l'hypothèque est consentie à l'amiable. L'art. 2161 offre au mari les moyens de vaincre la résistance sans fondement que la femme pourrait lui opposer. Dans le cas de l'art. 2144, le tribunal est libre de prononcer la réduction ; dans le cas de l'art. 2161, le tribunal doit s'astreindre aux règles rigoureuses des art. 2162 et 2165.

Dans cette opinion on argumente de l'art. 2143 qui n'exige pas, pour la restriction de l'hypothèque du mineur, le consentement du subrogé tuteur.

On fait remarquer, en dernier lieu, que le législateur ne peut pas permettre à la femme de paralyser le crédit de son mari, lorsqu'elle n'y trouve pour elle-même aucun espèce d'avantage et qu'elle ne fait qu'obéir à un caprice. Et, enfin, il est des cas où il sera impossible à la femme de donner ce consentement, si elle est absente, si elle est en démence.

Notre avis est que, dans tous les cas, il faut exiger le consentement de la femme.

L'art. 2161 décide, il est vrai, que les hypothèques générales, c'est-à-dire les hypothèques légales et judiciaires pourront seules être réduites ; il concerne alors l'hypothèque légale de la femme. Mais le législateur n'a point entendu dire que les conditions énumérées dans l'art. 2161 sont les seules exigées pour l'exercice de l'action en réduction de chacune des hypothèques générales. Il se reporte à ce qu'il a dit dans les art. 2144 et 2145; la preuve en est que les défenseurs de l'opinion que nous combattons exigent dans tous les cas l'avis de la famille. Dans leur système, il faudrait admettre que l'art. 2144 ne vise que le cas de réduction à l'amiable ; qu'il n'y a d'exigées que les conditions de l'art. 2161 pour le cas de réduction judiciaire, et que par conséquent l'avis de la famille n'est pas nécessaire.

Il pourra sans doute se présenter que la femme, uniquement par caprice, refuse son consentement ; mais la loi n'a pas voulu envenimer les discussions entre époux, en leur facilitant des procès qui sont toujours si funestes à la paix conjugale.

Quant à l'argument tiré de l'art. 2143 qui n'exige pas le consentement du subrogé tuteur pour la restriction de l'hypothèque du mineur, il est de nulle valeur ici. On craignait que le subrogé tuteur, qui a un intérêt personnel à ce que la réduction de l'hypothèque ne soit pas accordée, ne refusât son consentement, sans motifs.

Le mari, avant de demander la réduction, doit prendre l'avis des quatre plus proches parents de la femme: est-il nécessaire que l'avis soit favorable? On admet généralement que non.

Le ministère public doit prendre des conclusions dans l'instance en réduction. Mais est-il partie principale? peut-il interjeter appel du jugement qui ordonne la réduction? Nous croyons devoir répondre affirmativement. L'art. 2145, en effet, dit que le ministère public doit être entendu et que le jugement doit être rendu contradictoirement avec lui. Ces derniers mots reviennent à dire qu'il est le contradicteur naturel du mari. S'il n'en était pas ainsi, dans une instance où il est demandé à ce que les sûretés accordées pour la conservation de la dot soient diminuées, quel est celui qui prendrait la défense de la femme qui par légèreté ou faiblesse a consenti à la réduction de son hypothèque?

Nous terminerons nos explications sur la réduction

de l'hypothèque légale de la femme mariée, en présentant une dernière observation fort importante, qui nous servira de transition de ce chapitre au chapitre suivant.

Les formalités de l'art. 2144 ne sont obligatoires qu'au cas où la restriction de l'hypothèque a lieu au profit du mari. Au cas où la restriction a lieu au profit d'un tiers, aucune d'elles n'est exigée. Il est donc de toute importance de bien prévoir quand la restriction est accordée en faveur du mari ou en faveur d'un tiers. On peut dire, sans doute, que dans tous les cas la restriction a pour effet d'augmenter le crédit du mari et que dans tous les cas, alors, elle a lieu en sa faveur. Mais ce n'est point ainsi qu'il faut envisager la question. La restriction aura lieu en faveur d'un tiers, quand elle aura pour résultat de faciliter telle ou telle opération avec un tiers déterminé. Elle aura lieu au contraire en faveur du mari, toutes les fois que la femme se dépouillera d'une manière définitive de son hypothèque, dans le but unique de mettre aux mains du mari l'immeuble devenu libre et dont ce dernier pourra disposer comme il l'entendra. Le mari qui figure seul dans l'acte est le seul qui retire avantage de la convention intervenue entre lui et sa femme.

DE LA SUBROGATION A L'HYPOTHÈQUE LÉGALE

DE LA FEMME MARIÉE.

L'hypothèque légale de la femme mariée grève tous les biens présents et à venir du mari (art. 2122. C. N.); de plus, elle existe indépendamment de toute inscription.

Devant cette garantie considérable accordée par le législateur à la femme mariée, garantie dont la portée n'est entièrement connue qu'à la dissolution du mariage, puisque jusqu'à cette époque peuvent surgir de nouvelles créances en faveur de la femme, le crédit du mari devait être singulièrement ébranlé. S'il veut emprunter de l'argent, il trouvera bien difficilement un prêteur disposé à lui faire des avances; le créancier a tout lieu de craindre que l'hypothèque, que par prévoyance il s'est fait consentir, ne vienne pas en rang utile; la fortune immobilière du mari peut être absorbée par la femme. Bien peu d'acquéreurs se présenteront pour acheter du mari des immeubles sur lesquels pèse une hypothèque aussi indéterminée, aussi vaste que celle de la femme mariée. Chose remarquable! plus la femme sera riche et plus elle étouffera le crédit du mari, car ses reprises seront d'autant plus fortes

Nous avons vu, dans le chapitre précédent, que le mari avait, dans les articles 2144 et 2145 C. N., un moyen de rétablir son crédit : il peut faire restreindre au moment du mariage l'hypothèque légale de sa femme ; au cours du mariage, il peut la faire réduire. Mais nous savons dans quelles conditions, et, en outre, que de formalités compliquées !

Il était urgent de venir au secours du mari et d'atténuer dans une certaine mesure ce qui pouvait y avoir d'excessif dans les effets de l'hypothèque légale, par suite de l'application rigoureuse de la loi (pour garantir les droits de la femme, le législateur entraîne la ruine du mari).

Les praticiens ont donc conçu cette idée de la subrogation à l'hypothèque légale ; à l'aide de cette convention, les tiers acquéreurs et les créanciers sont protégés contre l'effet toujours menaçant de l'hypothèque légale; la femme est autorisée à faire d'une manière indirecte un acte qui lui était interdit par la loi.

Dans une matière où tout avait été créé dans la pratique, de grandes et nombreuses difficultés devaient se produire; beaucoup, cependant, ont été tranchées par l'art. 9 de la loi du 23 mars 1855, qui a organisé législativement cette partie importante du droit. Il n'y avait aucun texte avant cette loi ; le premier acte législatif où nous trouvons cette convention mentionnée pour la première fois est le décret du 28 février 1852 sur les sociétés de crédit foncier (art. 20).

Voici en quels termes la loi de 1855 (art. 9) permet à la femme de se dessaisir de son hypothèque : « Dans le cas où les femmes peuvent céder leur hypothèque ou y renoncer, cette cession ou cette renonciation doit être faite par acte authentique, et les cessionnaires n'en sont saisis à l'égard des tiers que par l'inscription de cette hypothèque prise à leur profit ou par la mention de subrogation en marge de l'inscription préexistante. — La date des inscriptions ou mentions détermine l'ordre dans lequel ceux qui ont obtenu des cessions ou des renonciations exercent les droits hypothécaires de la femme. »

En écrivant cet art. 9, le législateur a eu un double but : régulariser d'abord le mode de constatation des cessions et renonciations, organiser ensuite un mode de publicité pour porter ces cessions et renonciations à la connaissance des tiers.

La loi de 1855, en donnant une consécration législative à la convention désignée aujourd'hui sous le nom de subrogation à l'hypothèque légale de la femme mariée, l'a réglementée en quelques points; mais il en est d'autres qu'elle laisse sous l'empire des principes généraux : c'est ce que nous verrons dans l'étude que nous allons faire de cette convention.

Une femme mariée ne peut pas toujours se dépouiller de la garantie de son hypothèque; cela résulte des expressions de l'art. 9 : « dans le cas où les femmes peuvent céder leur hypothèque légale ou y renoncer ». Quels sont les cas dans lesquels elle n'a pas cette faculté? Le législateur ne formule aucunes règles : il a donc entendu se référer aux règles du droit commun. En effet, pour qu'il n'y eût pas de méprise sur ce point, la commission a fait subir un changement au projet de loi primitif qui disait d'une façon générale : « Les femmes ne pourront céder leurs droits à l'hypothèque ou y renoncer que par acte authentique, etc.... » La nouvelle rédaction qui a été substituée à l'ancienne et qui a été consacrée par le Corps législatif est celle de notre article.

Une femme mariée sous le régime dotal ne peut se dépouiller, par voie de cession ou renonciation, de son hypothèque qui assure la restitution de sa dot inaliénable (art. 1557.) Sous tous les autres régimes, la femme pourra renoncer à son hypothèque, puisque, sous tout régime autre que le régime dotal, la dot est aliénable: Il est donc une règle bien simple à suivre : la femme ne peut renoncer à son hypothèque qu'en tant qu'elle garantit une dot aliénable. La cession ou la renonciation ne sera valable, bien entendu, qu'autant que la femme sera dûment autorisée par son mari ou par la justice.

Il ne faut pas confondre les cessions et renonciations avec la restriction d'hypothèque dont il est parlé dans les art. 2144 et 2145 C. N. Ces articles n'ont point ici leur application; ils ont trait à une hypothèse complétement différente : au cas où la femme consent, dans son contrat de mariage, à la réduction de son hypothèque légale en faveur de son mari. L'art. 9 de la loi de 1855 doit être suivi, au contraire, lorsque la femme, pour venir en aide à son mari, subroge un tiers à son hypothèque légale.

La convention, aux termes de laquelle la femme peut se dépouiller de son hypothèque légale, peut affecter différentes formes : elle s'établit au moyen d'une cession ou d'une renonciation. « Dans le cas où les femmes peuvent *céder* leur hypothèque légale ou y *renoncer*, dit l'art. 9 de la loi du 23 mars 1855, cette *cession* ou cette *renonciation* doit être faite par acte authentique.... » Nous allons traiter successivement de la cession et de la renonciation.

La *cession* peut avoir pour objet ou la créance hypothécaire elle-même ou le droit d'antériorité ou simplement l'hypothèque détachée de la créance.

La femme peut, à titre de garantie, céder à un tiers telle créance déterminée, ou, d'une manière générale, tous les droits et reprises qu'elle peut avoir contre son mari ; ces créances entraînent avec elles les accessoires tels que l'hypothèque. Exemple : Une femme se marie en 1860 sous le régime de la communauté réduite aux acquêts ; elle apporte 100,000 fr. de dot ; pour cette somme, elle a une hypothèque qui prend rang au jour du mariage. En 1865, le mari veut emprunter 10,000 fr. : le prêteur, effrayé de l'hypothèque de la femme, se refuse à avancer cette somme ; la femme intervient au contrat ; elle cède sa créance contre son mari ; le créancier est mis aux lieu et place de la femme pour 10,000 fr. La femme, pour 90,000 fr., conserve toujours son hypothèque légale ; pour les 10,000 fr., dont elle a cédé la créance, elle viendra en concours avec les créanciers chirographaires.

On s'est demandé quelle est la nature de la convention que la pratique appelle « subrogation aux droits et créances de la femme contre son mari ».

Ce n'est pas une cession dans le sens propre et juridique du mot : car l'acte qui constitue une cession de créances doit en contenir le prix ; or, nous ne voyons pas le prix que la femme reçoit en échange de l'abandon qu'elle fait de sa créance hypothécaire. Le prix, aux termes de l'art. 1591, doit être déterminé et désigné par les parties ; il doit, d'après l'opinion généralement admise, consister en argent. Nous n'avons pas ici de prix déterminé et surtout consistant en argent. En outre, dans la cession, le créancier devient propriétaire de la créance par l'effet de la convention. Nous ne rencontrons encore rien de pareil dans la subrogation ; est-ce que le créancier pourra disposer comme il l'entendra, à titre onéreux, à titre gratuit, des droits hypothécaires que lui a cédés la femme contre son mari ? Non ; la femme continue à être saisie de sa créance, et ceci est si vrai que, dans le cas où le mari aura désintéressé le subrogé, il n'y aura nul besoin d'un nouvel acte pour rendre à la femme la propriété de ses droits et reprises ; elle ne l'aura jamais perdue.

Est-ce une subrogation ordinaire ? Dans la subrogation ordinaire, il faut, on le sait, que la dette ait été payée ; que le créancier ait été désintéressé par la tierce personne qu'il subroge dans ses droits ; or, la dette du mari n'a pas été payée.

Nous reconnaissons que ce n'est pas, non plus, un contrat de gage proprement dit.

Qu'est-ce donc enfin que cette convention ? Dans une matière où tout est laissé à l'interprétation, où la loi n'a rien réglé, il est assez difficile, nous devons l'avouer, de trouver un principe sûr à la lumière duquel on se puisse guider. Cependant, nous adopterions assez volontiers l'opinion qui y voit un contrat de gage *sui generis* : un contrat de gage auquel ne sont pas applicables toutes les règles du contrat de gage proprement dit.

Nous trouvons une grande analogie entre le cas où un créancier hypothécaire, donnant sa créance en gage, l'affecte au payement de sa dette ou de la dette d'autrui, et le cas où une femme mariée se démet de ses droits en faveur d'un créancier de son mari : le créancier gagiste, par suite de son privilége sur le gage, a le droit d'être payé avant tout autre créancier sur le montant de la collocation accordée à la créance engagée ; ce n'est pas une aliénation que le créancier hypothécaire a faite de sa créance ; il l'a affectée en garantie au créancier gagiste. — Dans la subrogation à sa créance hypothécaire la femme ne fait autre chose que céder ses droits et reprises matrimoniales en garantie du payement de la créance que le subrogé a contre son mari. Elle, non plus, n'aliène pas sa créance ; elle arme le créancier de son mari d'un droit réel de gage ; ce créancier profitera le premier de la collocation, dont les droits hypothécaires de la femme seront plus tard l'objet.

Il y a certaines règles du contrat de gage, avons-nous dit, qui ne peuvent être suivies dans la subrogation à l'hypothèque légale. L'art. 2076 C. N. ne saurait être observé ici ; il est clair qu'on doit écarter la disposition suivante : « Le privilége ne subsiste sur le gage qu'autant que ce gage a été mis et est resté en la possession du créancier ou d'un tiers convenu entre les parties. »

Il faut de même tenir nul compte de la formalité qu'édicte l'art. 2075, à savoir que l'acte constitutif de gage doit être signifié au débiteur de la créance donnée en gage.

Le gage ne peut porter que sur des droits déjà nés (argument de l'art. 2074). — La femme peut subroger à ses créances actuelles et futures contre son mari.

Si le créancier gagiste n'est pas désintéressé à l'époque fixée, parmi les partis qu'il peut prendre, il a la faculté de faire vendre la créance engagée, si le débiteur ne veut pas payer; de faire ordonner en justice que ce gage lui demeurera en payement, et jusqu'à due concurrence, d'après une estimation faite par experts (article 2078). — Pareilles prérogatives n'appartiennent pas au créancier subrogé.

Voici les règles communes à la subrogation et au contrat de gage.

Ni le créancier subrogé, ni le créancier gagiste n'acquièrent la propriété de la créance qui cesse d'être affectée en garantie, aussitôt désintéressement survenu sans qu'il y ait eu besoin d'aliéner le droit de gage.

Le créancier qui a obtenu cession des droits de la femme en vertu de son privilége, de son droit réel, peut se faire attribuer le montant de leur collocation de préférence à tout autre créancier de la femme; de même que le créancier gagiste est colloqué en première ligne sur le prix provenant de la vente du gage.

Après le payement effectué entre les mains du subrogé, si les sommes résultant des reprises de la femme n'ont point été toutes absorbées, elles reviennent à celle-ci. Le créancier gagiste ne touche, sur le prix du gage, que la somme qui lui est due; la portion libre appartient au débiteur qui a constitué le gage.

De graves difficultés se présentent sur la question de savoir si la subrogation confère au subrogé un droit actuel, irrévocable, et par suite, indépendant des événements qui postérieurement à la convention, peuvent ou modifier ou éteindre les créances affectées à sa sûreté, ou si, au contraire, elle ne l'investit que d'un droit purement éventuel, soumis à toutes les vicissitudes qui menacent les reprises de la femme.

Nous croyons, avec la jurisprudence et la majorité des auteurs, que, la femme mettant le cessionnaire en son lieu et place pour exercer le droit hypothécaire attaché à la créance qu'elle a contre son mari, il en résulte que ce droit reste, dans la personne du subrogé, l'accessoire de la créance de la femme ; en conséquence, sans avoir égard à la créance personnelle du subrogé, le droit hypothécaire cédé doit subir le même sort que les créances elles-mêmes de la femme.

Remarquons, d'abord, que, si la créance de la femme est supérieure à celle du subrogé, celui-ci ne pourra exercer l'hypothèque légale que jusqu'à concurrence de sa propre créance ; de même, le créancier subrogé, si la créance de la femme est inférieure à la sienne, ne pourra se prévaloir du droit hypothécaire qui lui a été consenti, que dans la mesure de la créance de la femme. S'il arrive que la liquidation soit complétement négative pour la femme, si cette dernière n'a aucune créance contre son mari, la garantie accordée au subrogé devient stérile.

Les applications suivantes ne sont pas aussi généralement admises que les précédentes ; cependant, nous reconnaissons que, découlant du même principe, elles doivent être également adoptées.

Une liquidation est intervenue entre le mari et la

femme, mariés sous le régime de la communauté ; il est reconnu que la femme est créancière du mari. Plus tard, elle accepte la communauté ; elle est tenue, sur ses biens propres, de la moitié des dettes de cette communauté. Le tiers subrogé dans l'hypothèque légale, avant la dissolution du mariage, ne pourra user d'un droit que la femme elle-même ne saurait exercer.

Une femme qui a cédé sa créance dotale, par exemple, décède, alors que cette créance existe encore contre son mari ; avant que le subrogé n'ait pu réclamer le bénéfice de son droit, le mari meurt, laissant pour héritiers les héritiers de sa femme qui acceptent les deux successions. Une confusion s'est opérée dans la personne des héritiers ; la créance de la femme est éteinte ; la subrogation est et demeure sans effet.

Ces solutions témoignent du peu de sûreté et de solidité des subrogations à l'hypothèque légale des femmes ; elles sont de nature à détourner les tiers de traiter avec le mari même avec la garantie de sa femme ; mais, pour les rejeter, il faudrait admettre que, dès l'instant où la convention se forme, un droit définitif est concédé au subrogé ; or la femme ne peut transférer des droits, que tels qu'elle les a ; ils sont incertains dans sa personne ; ils seront incertains aux mains du subrogé.

La subrogation peut être plus ou moins étendue quant aux droits qu'elle affecte. Ainsi la femme peut ou céder toutes ses créances ou l'une de ses créances nommément désignée ou une fraction de créance.

Quand la femme fait cession de toutes ses créances, le plus ordinairement elle a voulu se dessaisir de celles seulement existantes au moment de la subrogation. On devra rechercher, néanmoins, quelle a été l'intention des parties dans la convention et voir si les termes dont ils se sont servis sont absolus.

Si la femme cède sa créance dotale, le subrogé sera admis à exercer avant elle son droit hypothécaire, puisque l'hypothèque légale garantissant les créances dotales prime toutes les hypothèques attachées aux autres créances nées pendant le mariage.

Lorsque la femme aura cédé une créance, à elle advenue pendant le cours du mariage, et qu'elle se sera réservé sa créance dotale, pour savoir qui, de la femme ou du subrogé, passera le premier, une distinction doit être établie : a-t-elle contracté solidairement avec son mari l'obligation à laquelle elle affecte en garantie sa créance hypothécaire, elle est censée avoir renoncé, dans l'intérêt du subrogé, aux hypothèques dont elle reste nantie à l'égard des autres créanciers, pour sûreté des créances qu'elle a conservées ; le subrogé aura le pas sur elle. En s'engageant solidairement avec son mari, la femme s'est portée garante de la solvabilité de ce dernier ; quand elle se présentera pour que la collocation de sa créance dotale soit faite avant celle de la créance cédée, elle sera repoussée par la maxime *quem de evictione tenet actio, eumdem agentem repellit exceptio.* La même exception sera opposable à ses successeurs universels.

Si la créance dotale a été cédée à un second subrogé, le premier subrogé l'emportera sur lui, de même qu'il l'emporterait sur la femme subrogeante : car la femme qui subroge en sa créance hypothécaire, en garantissant la solvabilité de son mari, promet, d'une façon implicite, que la créance cédée sera payée. Elle s'engage à ne point entraver l'exercice de l'hypothèque qu'elle a abandonnée ; à ne pas opposer un droit susceptible de produire cet effet, une autre hypothèque, par exemple ; elle a tacitement, au profit du subrogé et dans la limite de son intérêt, renoncé à l'hypothèque qu'elle a retenue. Elle a promis le payement de la créance qu'elle a cédée ; elle ne peut pas manquer à son engagement en transférant à un autre créancier la créance hypothécaire qu'elle a conservée, ou ce serait agir de mauvaise foi. Il y a renonciation tacite à cette créance hypothécaire ; la créance cédée au premier subrogé est donc au premier rang ; l'hypothèque qui la garantit s'est améliorée par suite de la renonciation faite par la femme à celle qui la primait ; c'est donc un droit réel opposable aux ayants cause de la femme, pour lors à celui qui a obtenu de la femme cession de la créance dotale.

Mais si la femme a donné en garantie au créancier de son mari une de ses créances nées pendant le mariage, sans qu'il y ait obligation solidaire, et si elle n'a pas abandonné sa créance dotale, nous croyons que, dans ce cas, elle l'emportera sur son subrogé. Elle ne s'est point engagée à faire valoir la créance qu'elle a cédée ; elle l'a affectée telle qu'elle se trouvait entre ses mains, avec le rang inférieur qu'elle occupait vis-à-vis des autres créances. Elle a conservé à sa créance dotale le premier rang. Plus tard ce sera pour elle un moyen de relever à nouveau le crédit du mari, en subrogeant un autre créancier à cette créance dotale, aujourd'hui réservée; ce serait aller contre l'intention de la subrogeante que de faire à sa créance dotale une situation moins avantageuse qu'elle ne l'avait.

Nous avons dit que la femme avait la faculté d'affecter l'une de ses créances jusqu'à concurrence d'une fraction déterminée. Les deux fractions viendront en concours; à moins que la femme ne se soit obligée solidairement, auquel cas elle sera primée par le subrogé.

La subrogation peut être consentie pour garantir toute la créance du subrogé ou simplement une partie de cette créance. Dans ce dernier cas, la femme n'affecte pas seulement ses reprises dans la limite de la fraction de créance en vue de laquelle a eu lieu la subrogation ; mais elle cède ses reprises en totalité pour garantir cette fraction de créance.

La femme peut céder ses créances hypothécaires sur la généralité des biens présents et à venir de son mari ou sur tel immeuble désigné.

Quand elle subroge en ses droits et reprises d'une façon générale, le créancier est admis à faire valoir l'hypothèque légale dont il a obtenu la cession sur le prix de tous les immeubles du mari, sans distinction.

Lorsque la subrogation ne porte que sur certains biens limités et qu'un ordre est ouvert sur le prix d'immeubles non compris dans la subrogation, la femme, en se prévalant de son hypothèque légale à l'endroit de ces immeubles devra donner caution aux créanciers, qui viennent après elle, de rapporter les sommes que son subrogé touchera plus tard sur le prix des biens qui font l'objet de la subrogation.

Nous avons dit que la femme pouvait céder son hypothèque légale indépendamment de la créance à laquelle elle est jointe. Cette convention a lieu au profit d'un créancier chirographaire.

La question, si controversée autrefois, de savoir si la femme peut céder son hypothèque, sans céder en même temps sa créance, ne doit plus être posée ; aujourd'hui le doute n'est plus possible en présence des termes de la loi de 1855.

Mais lorsque la femme fait cession de son hypothèque seulement, le résultat n'est-il pas à peu près le même que si elle abandonnait et sa créance et son hypothèque? Dans la pratique, il faut bien le reconnaître, il n'y a pas une différence bien sensible entre les deux cas. Pour nous en rendre compte, il n'y a qu'à voir tour à tour l'effet de la cession de créance entraînant après elle l'hypothèque et celui de la cession de l'hypothèque isolée de la créance. Supposons d'abord que le subrogé, usant de son droit de subrogation à la créance hypothécaire, reçoive le payement des sommes qui lui sont dues, sur le montant de la collocation, obtenue en vertu de la créance engagée : il touchera les fonds dont la femme était elle-même créancière ; les choses se passent alors comme si la femme, après avoir reçu la somme pour laquelle elle a été colloquée, la versait aux mains de son subrogé. La créance de la femme est éteinte comme celle du subrogé. La femme a contre son mari, dont elle a acquitté la dette, une créance nouvelle, garantie par une hypothèque, qui prend rang à la date de la subrogation (art. 2135).

Si le créancier qui a obtenu cession de l'hypothèque légale détachée de la créance se présente pour être payé en vertu de la subrogation qui lui a été consentie, et s'il est désintéressé, sa propre créance est éteinte en même temps que l'hypothèque légale. La femme, par suite de l'engagement qu'elle a contracté, acquiert une hypothèque contre son mari aux termes de l'art. 2135. Elle a donc deux créances : l'une chirographaire, à laquelle s'adjoignait précédemment l'hypothèque qu'elle a cédée ; l'autre, hypothécaire, dont le rang est déterminé par la date de la convention passée avec le subrogé. Ce qui fait que la réserve de la créance qu'elle s'est ménagée ne lui procure pas grand avantage, c'est qu'elle choisira de préférence, la créance acquise par suite de la subrogation, laquelle est garantie par une hypothèque.

Il faut bien se garder cependant d'établir une assimilation complète entre la cession de l'hypothèque et la cession de la créance hypothécaire. Après avoir cédé ses droits et reprises, la femme ne peut abandonner aucune des garanties de sa créance. Si elle a simplement cédé son hypothèque, elle peut, sans que le cessionnaire ait à s'en plaindre, se dessaisir de sa créance et de toutes les prérogatives de sa créance, l'hypothèque exceptée. Admettons en outre que le cessionnaire n'ait pour obligé personnel que la femme aux droits de laquelle il est subrogé ; ses rapports avec le mari seront tout différents, selon que la cession aura pour objet la créance ou seulement l'hypothèque. S'il y a eu cession de la créance, le subrogé, en vertu de la créance cédée, saisira non-seulement les biens immobiliers du mari, mais aussi ses biens mobiliers. Au cas où l'hypothèque seule aura été cédée, l'hypothèque ne pouvant porter que sûr des immeubles, le cessionnaire ne sera payé que sur le prix provenant des biens immobiliers.

Enfin la femme, au lieu de céder sa créance hypothécaire ou son hypothèque isolément, pourra céder son droit d'antériorité. Il faut admettre, en ce cas, que le créancier au profit duquel la convention intervient est aussi, comme la femme, créancier hypothécaire ; il y a entre les deux interversion de rang. Exemple : une femme, pour une somme de 100,000 fr., est créancière de son mari ; contre celui-ci une créance de 10,000 fr. existe au profit d'un créancier hypothécaire ; pour 10,000 fr. elle concède à ce créancier son droit d'antériorité. La femme ne profitera du rang de son hypothèque que pour 90,000 fr. ; pour 10,000 fr. elle viendra prendre la place qu'occupait précédemment le créancier bénéficiaire.

La *renonciation* a pour objet de subroger le créancier dans l'hypothèque de la femme ; elle n'est pas seulement désinvestitive, elle est investitive, c'est-à-dire que non-seulement la femme perd son hypothèque, mais que le créancier, au lieu d'être payé au marc le franc, sera mis au lieu et place de la femme. Cette solution, contestée avant la loi du 23 mars 1855, ne peut plus l'être aujourd'hui ; en effet, l'art. 9, dans sa partie finale, confond la cession et la renonciation sous le nom commun de « subrogation », et dans son deuxième paragraphe il déclare que les uns et les autres cessionnaires exerceront les droits hypothécaires de la femme, d'après l'ordre de leurs inscriptions.

Nous n'allons pas cependant jusqu'à croire que la loi a entendu exclure les renonciations simplement extinctives ; elle a voulu dire que la renonciation pouvait avoir le caractère translatif.

Il est bien vrai que la renonciation désinvestitive seulement ne se présumera que difficilement ; il faudra ou des termes bien explicites ou que les faits desquels on voudra l'induire fassent connaître bien clairement l'intention des parties : car, en consultant l'esprit de la loi, on doit plutôt considérer comme transmissive la renonciation faite au profit d'un créancier. Mais on ne saurait admettre que la renonciation abdicative ne peut être stipulée ; le législateur n'a pas voulu enchaîner la volonté des parties ; les conventions sont libres (art. 1134 C. N.).

Il y a renonciation extinctive lorsque la femme prend envers un créancier de son mari l'engagement de tenir son hypothèque pour éteinte, en tant qu'elle pourrait lui nuire.

Nous confondons la « simple promesse d'abstention » avec la renonciation extinctive ; c'est une seule et même chose.

Pour décider s'il y a renonciation transmissive ou non, les juges auront à examiner les expressions employées, les circonstances qui ont déterminé la renonciation, tous autres indices enfin pouvant faire connaître le véritable caractère de la convention ; tout se réduira donc à une question de fait. Ainsi la femme dit qu'elle renonce à son hypothèque, y subroge et met en son lieu et place le créancier ; il y a, dans cette convention, renonciation transmissive évidemment. Si elle disait au contraire qu'elle renonce au droit de se prévaloir de son hypothèque, on pourrait fort bien être amené à voir dans cette stipulation une renonciation simplement extinctive, comme dans le cas où elle déclarerait renoncer à son hypothèque, afin d'affranchir l'acquéreur des formalités et des frais de la purge légale.

Il arrivera rarement, dans la pratique, que les renonciations soient faites en termes ambigus; le plus ordinairement, il y aura toujours une clause à l'aide de laquelle on découvrira facilement l'effet que les parties ont voulu faire produire à la renonciation.

Quand, parfois, la renonciation sera faite purement et simplement, et que les autres dispositions de l'acte ne pourront en rien servir à l'interprétation de la volonté de la femme et du créancier, on devra rechercher les circonstances dans lesquelles la convention s'est produite ; l'intérêt qu'avait le créancier à stipuler telle ou telle renonciation. S'il est démontré qu'au moment du contrat une renonciation extinctive n'était d'aucune utilité au créancier, on devra admettre qu'il y a eu renonciation transmissive. Si une renonciation extinctive était suffisante, il n'y aura nul besoin de voir dans la convention autre chose qu'une renonciation extinctive.

Que la renonciation soit transmissive ou abdicative simplement, elle ne nuit ni ne profite aux créanciers intermédiaires, aux créanciers venant après la femme et primant le créancier qui stipule la renonciation ; elle est « *res inter alios acta* ».

Mais, au point de vue de la pratique, quant aux rapports des parties entre elles, la distinction entre la renonciation extinctive et la renonciation transmissive a son importance; la première ne transmet pas au créancier les droits hypothécaires de la femme; elle n'a que pour effet de les éteindre quant à lui, dans le cas où il aurait à en souffrir, à supposer qu'il dût les subir.

La renonciation transmissive opère un déplacement du droit; le cessionnaire est investi de l'hypothèque de la femme; il aura le droit de s'en prévaloir au lieu et place de cette dernière.

Des exemples feront mieux comprendre les différents résultats qui se produisent pour le créancier, suivant qu'il aura stipulé l'une ou l'autre des renonciations.

Le mari a quatre créanciers qui viennent dans l'ordre suivant :

Sa femme, pour	80,000 francs.
Primus, inscrit pour	80,000
Secundus, inscrit pour	40,000
Tertius, inscrit pour	80,000
Total :	280,000

La femme, qui occupe le premier rang parmi les créanciers, consent une renonciation extinctive en faveur de Tertius. Nous savons que ni Primus ni Secundus ne peuvent avoir à souffrir de cette renonciation, pas plus qu'il ne peut en résulter pour eux quelque avantage. Une somme de 200,000 fr. est à distribuer. Tertius sera payé intégralement; la femme avec laquelle il a traité ne touchera rien, car elle s'est engagée à considérer son hypothèque légale comme inexistante quant à lui et dans la limite de son intérêt. Or, abstraction faite de l'hypothèque légale, Tertius serait désintéressé pour le tout.

S'il n'y a que 120,000 fr. à répartir, Tertius est exclu pour le tout; la femme reçoit le montant intégral de sa créance; les 120,000 fr. seraient, en effet, absorbés par Primus et Secundus. La femme ne s'est engagée à tenir son hypothèque inactive qu'autant qu'elle porterait préjudice à Tertius; or, dans notre espèce, il n'y en a aucun pour lui à ce que la femme vienne à son rang hypothécaire. Le résultat est bizarre: moins la somme à partager sera élevée, et plus forte sera la part de la femme.

Supposons le cas où 160,000 fr. soient à partager entre les différents créanciers. Tertius obtiendra 40,000 fr., c'est-à-dire la somme à laquelle il aurait droit, si l'hypothèque légale de la femme n'existait pas. La femme, au lieu de 80,000 fr., ne prendra que 40,000 fr., puisqu'elle laisse 40,000 fr. aux mains de Tertius.

Il en serait tout autrement si Tertius avait obtenu de la femme une renonciation transmissive au lieu d'une renonciation extinctive; son droit serait sauvegardé pour le tout dans les hypothèses que nous venons de parcourir. Par l'effet de la renonciation investitive, il eût été mis au lieu et place de la femme. Admis à se prévaloir de son hypothèque sur le montant de la collocation accordée à la subrogeante, il eût toujours pu se faire attribuer 80,000 fr., chiffre auquel s'élève la créance de la femme.

En définitive, le bénéficiaire de la renonciation extinctive est à demi-protégé par la renonciation, ou n'en reçoit aucun bénéfice, suivant que le montant des sommes dues aux autres créanciers du mari absorbe en partie le prix de l'immeuble ou l'absorbe en totalité, à supposer qu'on fasse abstraction de l'hypothèque de la femme.

Nous avons supposé, dans les hypothèses précédentes, que Tertius était créancier hypothécaire. La différence est encore bien plus sensible quand le bénéficiaire de la renonciation est un créancier chirographaire.

La renonciation est-elle transmissive : le droit hypothécaire de la femme passe au subrogé qui l'exercera, comme l'eût fait la femme elle-même. Est-elle, au contraire, simplement extinctive : la femme qui se dépouille de son hypothèque devient, par le fait même, créancière chirographaire. Le créancier en faveur duquel elle a renoncé reste aussi chirographaire, puisque la renonciation n'a pas eu pour but de l'investir de l'hypothèque ; au lieu de s'exclure l'un l'autre, la femme et le créancier bénéficiaire de la renonciation viendront concourir entre eux.

Prenons encore un exemple ; il sera bien plus facile de voir la situation diverse faite au créancier, suivant qu'il s'agira d'une renonciation transmissive ou d'une renonciation abdicative.

Les immeubles du mari ont été vendus 200,000 fr. Pour ses reprises dotales, la femme est créancière de 60,000 fr. Primus, premier inscrit, pour 80,000 fr. ; Secundus, deuxième inscrit, pour 60,000 fr. ; enfin Tertius, simple créancier chirographaire, en faveur duquel la renonciation est faite, pour 60,000 fr. Si la renonciation était transmissive ou même simplement extinctive, mais Tertius étant créancier hypothécaire, ce dernier recevrait l'intégralité de sa créance. Dans notre espèce, au contraire, la renonçante dira au créancier chirographaire : « Si mon hypothèque légale n'existait pas, après désintéressement de Primus et de Secundus, 60,000 fr. seraient à partager entre vous et moi, qui avons une créance égale ; dès lors il vous revient 30,000 fr. ». La renonçante recevra, sous la déduction des sommes qu'elle laisse aux mains du bénéficiaire de la renonciation, le montant de la collocation auquel lui donne droit l'antériorité de son hypothèque légale ; or, cette collocation doit porter sur 60,000 fr., sur lesquels 30,000 fr. seront prélevés au profit de Tertius ; le droit de la femme sera donc réduit à 30,000 fr.

La renonçante aura droit à une somme plus forte, selon que le prix des biens vendus sera moins élevé.

Supposons qu'au lieu de 200,000 fr. il n'y ait que 140,000 fr. à distribuer ; la femme sera totalement payée, le créancier bénéficiaire ne recevra rien. A supposer l'hypothèque inexistante, les 140,000 fr. reviendraient à Primus et à Secundus ; si la femme exerce son hypothèque, quel préjudice peut-elle causer à Tertius ?

Quand des créanciers chirographaires viennent à l'ordre pour être colloqués après les créanciers munis d'une hypothèque, leur intervention, inutile quant à eux, peut avoir pour résultat d'amoindrir le dividende du créancier chirographaire, bénéficiaire de la renonciation.

Ainsi le prix d'un immeuble est de 200,000 fr. ; il y a 200,000 fr. de créances hypothécaires, y compris les reprises dotales ; outre le bénéficiaire de la renonciation auquel il est dû 60,000 fr., nous admettons deux autres crénaciers chirographaires, Quartus et Quintus, pour chacun 60,000 fr. Voici le langage que pourra tenir la renonçante : « S'il n'y avait pas d'hypothèque légale, après le prélèvement de 140,000 fr. pour Primus et Secundus, il y aurait 60,000 fr. à partager entre quatre créanciers chirographaires, Quartus, Quintus, vous et moi. Chacun de nous toucherait le quart de sa créance, 15,000 fr. ; vous n'avez droit qu'à cette somme. » La renonçante est fondée à garder 45,000 fr. et à n'abandonner que 15,000 fr.

Mais si Quartus et Quintus ne se présentaient pas à l'ordre, la femme n'aurait pas le droit de les faire entrer en ligne de compte et de diminuer, en les comptant au nombre des créanciers chirographaires, le montant du dividende que doit percevoir Tertius. Nous voyons des abus dans une solution contraire; ce serait admettre, *a priori*, que leurs créances sont à l'abri de toute critique; on s'expose à faire figurer des créanciers qui n'existent peut-être pas ou qui ont déjà été payés.

Nous avons raisonné, jusqu'à présent, dans l'hypothèse où la femme a consenti une renonciation en faveur d'un créancier; mais un acquéreur peut faire intervenir, dans l'acte, la femme de son vendeur et stipuler à son profit une renonciation à l'hypothèque légale, ceci dans le but d'assurer l'exécution de la vente ou d'échapper plus tard à une éviction, lorsqu'il a payé tout ou partie de son prix.

Ici encore la renonciation peut être extinctive ou transmissive. Au profit d'un tiers acquéreur, la renonciation extinctive a principalement pour objet de libérer les immeubles de l'hypothèque légale et, par suite, le dispenser de purger. L'effet de cette renonciation est analogue à celui qui se produirait si la femme avait laissé passer, sans s'inscrire, les deux mois qui lui sont accordés pour prendre inscription ; au regard de la femme, l'immeuble acquis par l'acheteur est purgé ; ce dernier n'a plus à redouter l'hypothèque légale ; il ne craindra, de la part de la femme, ni surenchère ni action en délaissement. Mais remarquons que l'extinction de l'hypothèque de la femme est purement relative, c'est-à-dire qu'elle n'existe qu'en faveur du tiers acquéreur ; vis-à-vis de tous autres, la femme demeure nantie de tous ses droits hypothécaires ; son hypothèque légale, paralysée quant aux biens sur lesquels elle porte, affecte le prix en provenant ; en un mot, le droit de suite est éteint, mais le droit de préférence continue de subsister en entier. Il en sera ainsi toutes les fois que l'exercice de ce droit ne pourra nuire à l'acquéreur. Ainsi la femme est en présence de créanciers chirographaires ou de créanciers hypothécaires qui, quoique mis en demeure, n'ont pas surenchéri dans les délais de la loi, son hypothèque aura son effet : car, en l'exerçant, elle ne portera aucun préjudice à l'acquéreur ni directement ni indirectement ; celui-ci, en payant son prix aux mains des créanciers, d'après l'ordre qui sera établi, n'aura rien à craindre de personne.

Il faut maintenir encore à la femme son droit de préférence, dans le cas où l'immeuble vendu étant grevé d'hypothèque, un créancier inscrit a formé une surenchère d'un dixième, dans la crainte d'être exclu de l'ordre par suite de l'exercice du droit de la renonçante. Il est bien vrai que ce qui fait que le créancier a surenchéri, c'est qu'il est certain de n'être pas payé, puisqu'il est primé par la renonçante, dont l'hypothèque continue de subsister. L'acquéreur ne sera évincé que parce que la femme conserve son droit de préférence : il est positivement sûr alors qu'il en éprouve un préjudice indirect. Mais cependant il ne pourra pas dire qu'il a stipulé d'elle la renonciation pour se mettre à l'abri de toute éviction et que, ce résultat ne pouvant être obtenu qu'à la condition d'affranchir de l'hypothèque légale même le prix qui provient de la vente des immeubles, il est certain que la renonçante et lui ont eu intention de faire produire cet effet à la convention. Le tiers acquéreur ne pourrait objecter que décider autrement ce serait anéantir, pour ainsi dire, l'objet de la renonciation et aller contre cette règle de droit écrite dans l'art. 1157 C. N. : « Lorsqu'une clause est susceptible de deux sens, on doit plutôt l'entendre dans celui avec lequel elle peut avoir quelque effet que dans le sens avec lequel elle n'en pourrait produire aucun. » La femme, en tenant son hypothèque inactive, est fidèle à son engagement. On supposerait qu'elle s'est obligée à garantir l'acquéreur de tous troubles et évictions en voulant qu'elle sacrifiât sa créance hypothécaire, parce qu'indirectement elle a donné lieu à une surenchère. Quand elle ne fait que renoncer purement et simplement à son hypothèque légale en faveur de l'acquéreur, sans se porter garante avec son mari, la femme ne doit point se prévaloir de son hypothèque à l'encontre de l'acquéreur ; mais là s'arrête son obligation ; elle ne peut être responsable des poursuites intentées par les créanciers inscrits.

Nous aurons occasion, en traitant de la purge légale, de constater, dans un cas analogue à celui qui nous occupe, la survivance du droit de préférence au droit de suite ; nous verrons que la femme, bien qu'elle soit réputée renonçante à son hypothèque légale lorsqu'elle ne l'inscrit pas dans les délais de l'art. 2195 C. N., a néanmoins le droit de la faire valoir, sinon contre l'acquéreur, du moins sur le prix de l'immeuble vendu. Dans cette hypothèse, bien que la femme soit réputée légalement avoir renoncé à son hypothèque dans l'intérêt du tiers acquéreur, elle conserve son droit sur le prix de l'immeuble ; et pourtant, lorsqu'elle sera en conflit avec des créanciers hypothécaires, la préférence dont elle est nantie contre eux se retournera contre le tiers détenteur lui-même. La loi n'a pas distingué cependant entre le cas où la femme est en concours avec des créanciers hypothécaires et celui où elle vient avec des créanciers chirographaires.

Quand la renonciation est expresse, pourquoi décider que la renonçante ne peut exercer son droit de préférence, bien qu'il puisse amener indirectement une surenchère du dixième contre l'acquéreur du chef des créanciers inscrits, lorsque ce droit lui est reconnu d'après la loi même, au cas de renonciation tacite ?

La femme n'aurait pas moins la faculté d'exercer son hypothèque légale, quoiqu'elle eût accompagné sa renonciation d'une promesse de garantie solidaire. Elle devra indemniser l'acquéreur du préjudice que lui causera la surenchère ; mais on ne saurait exiger d'elle que dans ce but elle fît le sacrifice de son droit de préférence. Le plus souvent, le préjudice que lui causerait la renonciation serait de beaucoup supérieur à l'indemnité qu'elle devrait à l'acquéreur comme garante de la vente.

Nous verrons qu'aux termes de la loi du 21 mai 1858 (art. 772) les créanciers à hypothèque légale, qui n'ont pas fait inscrire dans le délai fixé par l'art. 2195 C. N., ne peuvent exercer leur droit de préférence sur le prix qu'autant qu'un ordre est ouvert dans les trois mois qui suivent l'expiration de ce délai et sous les conditions de l'art. 717 C. Pr. La renonciation expresse a les mêmes effets que la renonciation tacite qui résulte de la purge accomplie; pour lors, cette règle est applicable par analogie à la femme qui renonce à son droit de suite en faveur de l'acquéreur des biens de son mari.

Quand même la renonçante serait encore dans les trois mois, elle pourrait encourir la déchéance de son droit si, par l'effet d'un transport dûment notifié ou par un payement régulier fait entre les mains du mari ou de ses créanciers, l'acquéreur avait payé son prix de vente.

Nous croyons que lorsque le bénéficiaire de la renonciation extinctive est un « donataire » ou un « acquéreur » à titre d'échange des biens grevés de l'hypothèque légale, la femme perd son droit de préférence.

Voici comment nous sommes amené à admettre cette solution : quand un donataire ou un coéchangiste a accompli les formalités de la purge, si la femme ne s'est point inscrite dans les deux mois fixés par l'article 2195 C. N., son hypothèque légale est éteinte d'une façon absolue; dans l'espèce, en effet, il n'y a point de prix sur lequel puisse subsister l'hypothèque; or, il résulte des termes de l'art. 772 C. Pr., que le droit de préférence ne survit au droit de suite que quand il y a eu aliénation moyennant un prix.

Il ne faudrait pas croire que les créanciers inscrits sur l'immeuble faisant l'objet de la donation ou remis en contre-échange et vendu par ou sur le donataire ou le coéchangiste pussent prétendre, sur le prix en provenant, aux sommes que la renonçante aurait eu le droit de percevoir, si elle avait conservé son hypothèque. Pour les créanciers primés par la femme, la renonciation est « *res inter alios acta* »; elle ne saurait leur profiter.

La renonçante, non plus, ne peut rien réclamer sur le prix, qui est la représentation d'un bien sur lequel elle n'a plus aucun droit ; son hypothèque est éteinte.

Mais si les créanciers inscrits sur l'immeuble aliéné à titre de donation et exclus sur cet immeuble par la femme avaient une hypothèque sur un autre immeuble primée encore par celle de la femme, cette dernière ne pourrait point de nouveau se prévaloir contre eux de son droit de priorité. Ce serait leur opposer deux fois son hypothèque.

En supposant que la femme se trouve, en conflit, sur un bien que grève son hypothèque légale, avec des créanciers inscrits sur ce bien seulement, elle pourra se présenter avec son hypothèque, bien qu'elle l'ait abandonnée au profit du donataire dont nous venons de parler. Le créancier qui a une hypothèque portant sur deux immeubles peut, en effet, en libérer un et agir exclusivement sur l'autre, sans que les créanciers aient à s'en plaindre.

Il peut arriver que le tiers acquéreur ait intérêt à se

faire subroger et à prendre les lieu et place de la femme ; une renonciation transmissive lui sera utile dans certains cas. Si l'on suppose, par exemple, que l'acheteur, après avoir payé tout ou partie de son prix, vienne à être dépossédé de son immeuble par suite d'une enchère et qu'il se présente à l'ordre, il sera totalement désintéressé, s'il a obtenu précédemment de la femme une renonciation translative ; il courra la chance, au contraire, de ne recevoir que partie de son prix ou peut-être même rien, suivant le prix à distribuer, si la renonciation, consentie en sa faveur, n'a été qu'extinctive.

La renonciation peut être expresse ou tacite. Elle peut être tacite, c'est-à-dire résultant d'un acte de la femme qui fait nécessairement supposer qu'elle a voulu renoncer à son hypothèque. Les juges auront à examiner le fait.

La question de savoir si la femme peut faire une renonciation tacite à son hypothèque légale, ne saurait aujourd'hui souffrir de difficultés. L'affirmative est admise presque universellement ; à l'exemple des lois romaines et de notre ancien droit, la jurisprudence est fixée sur ce point.

La renonciation tacite est dans le domaine de l'induction ; l'acte duquel on veut la faire résulter demande à être apprécié ; il faut rechercher si les engagements, qui y sont pris par la femme, impliquent de sa part renonciation à son hypothèque.

Parcourons quelques exemples : Un mari vend un immeuble ; la femme, présente au contrat, en garantit solidairement l'aliénation ; elle est censée renoncer à son hypothèque au profit de l'acquéreur. Par sa promesse de garantie, elle s'engage à ne rien faire qui puisse mettre obstacle à l'exécution de la vente ; c'est promettre de protéger l'acquéreur contre toute espèce d'éviction ; si elle le troublait par l'exercice de son action hypothécaire, l'acquéreur opposerait la maxime : *quem de evictione tenet actio, eumdem agentem repellit exceptio.*

Une femme s'engage solidairement avec son mari envers un créancier. Le mari, en présence de la femme, et avec son consentement, confère une hypothèque. La femme, évidemment, est intervenue pour rassurer le créancier ; elle renonce, quant à lui, à son hypothèque légale. Mais si la femme, bien que s'engageant solidairement, n'a pas donné son consentement à l'acte par lequel le mari a constitué une hypothèque, il n'y a pas renonciation tacite ; seulement, le créancier pourrait poursuivre la femme, et même exercer de son chef (art. 1166, C. N.) les droits qu'elle a contre son mari, en faisant valoir l'hypothèque de celle-ci. Le bénéfice alors serait à partager entre tous les créanciers de la femme.

On s'est demandé si les renonciations tacites sont transmissives ou extinctives de l'hypothèque qu'elles ont pour objet. Nous pensons qu'il n'y a aucune distinction à établir entre la renonciation expresse et la renonciation tacite ; toutes deux ont également le caractère translatif. Cette assimilation ressort des termes de l'art. 25 (loi du 23 mars 1855), qui confond et assujettit à une même règle les renonciations et les subrogations. Ajoutons, cependant, qu'on devra toujours examiner quelle a été l'intention des parties. S'il était démontré que le but de la convention est une renonciation extinctive, la volonté des contractants devrait être respectée ; mais en dehors des cas où on peut induire avec certitude le désir formel, de la part de la femme, de faire une renonciation extinctive, la renonciation sera transmissive.

En quelles formes les cessions et les renonciations doivent-elles être faites? Avant la loi du 23 mars 1855 aucunes conditions n'étaient exigées ; les subrogations et renonciations pouvaient être constatées même par acte sous seing privé ; mais, depuis la loi de 1855, elles doivent être faites par acte authentique.

Ceci paraît être tant dans l'intérêt de la femme que dans celui des créanciers subrogés ; dans l'intérêt des créanciers subrogés : leur droit est constaté d'une façon bien plus stable que par acte sous seing privé ; d'autre part, l'authenticité de l'acte les garantit contre les antidates.

Il y a aussi avantage pour la femme : l'authenticité la protége contre son inexpérience et sa faiblesse ; elle la met à l'abri des entraînements auxquels elle est exposée, sous l'influence qu'exerce sur elle son mari, pour en obtenir des sacrifices, dans le but de soutenir son crédit. L'officier public démontrera à la femme le danger auquel elle s'expose.

Conséquences à tirer : si la cession ou renonciation est faite par acte sous seing privé, il y a nullité absolue qui peut donc être invoquée tant par la femme que par le créancier subrogé.

Il y a des auteurs qui prétendent que, si l'authenticité est exigée, c'est uniquement parce que l'inscription ne peut être requise que sur la présentation d'un acte authentique (art. 2148).

Dans son exposé de motifs, M. Suin dit en effet : « L'acte de subrogation doit être authentique, puisqu'il doit servir de première base à une inscription qui ne peut se fonder que sur un acte solennel ». D'après ces auteurs, la conséquence de ce principe est que la subrogation consentie par acte sous seing privé n'est pas nulle, qu'elle peut être invoquée par le subrogé contre la femme, et qu'il n'y a que vis-à-vis des tiers qu'elle est privée de tout effet. Il est très-utile de consulter les rapports et les exposés de motifs pour élucider ce qu'un texte peut avoir d'obscur ou d'amphibologique ; mais on ne doit pas, pour cela, se laisser guider aveuglément par ces explications officielles qui, en définitive, ne sont que l'expression d'une opinion toute personnelle et qui, souvent, ont été en opposition avec l'idée de la loi. Quand un texte offre un sens précis et clair, pourquoi aller demander ailleurs a volonté du législateur ? Cherchons donc dans l'art. 9 la solution du litige ; l'art. 9 est conçu de façon à ne donner lieu à aucune ambiguïté : les subrogations, y est-il dit, doivent être faites par acte authentique. La loi est impérative. et l'on n'ignore pas que les ordres qu'elle trace ont, en principe, pour sanction, la nullité des actes qui n'y sont pas conformes. Elle ne le dit pas, il est vrai, d'une façon expresse, comme dans l'art. 931, pour les donations ; mais la nullité n'est pas douteuse, dans beaucoup de cas où, cependant, la loi ne la prononce pas formellement. Ainsi, les hypothèques consenties par acte sous seing privé sont incontestablement nulles, et pourtant l'authenticité à laquelle elles sont soumises n'est pas expressément exigée, sous peine de nullité par l'art. 2127 C. N. il en est de même dans le cas d'une reconnaissance d'enfant naturel (art. 334 C. N.) : personne n'a jamais douté que la reconnaissance faite par acte sous seing privé ne fût radicalement nulle.

La faculté donnée à la femme de venir au secours du mari, lorsque son crédit est en péril, est une chose utile et morale. Les époux, faits pour vivre ensemble, doivent s'entr'aider mutuellement: l'intérêt de la bonne harmonie, l'intérêt même des enfants l'exige. Mais combien cette faculté peut devenir dangereuse, lorsque la femme en fait abus, et combien l'abus serait facile si, au moment de spéculations malheureuses, la femme pouvait, loin de tout regard, seule avec son mari, engager sa signature pour des sommes qui forment peut-être tout son avoir.

Il fallait prémunir énergiquement la femme ; on proposa de solenniser, par l'authenticité, les actes de subrogation. Par ces formalités, l'attention des parties est éveillée. En présence de l'officier public qui lui fera comprendre la portée de l'acte qu'elle va consentir, la femme sera protégée contre les entraînements auxquels elle est exposée par suite de l'influence exercée sur elle par son mari.

Nous demeurons donc convaincu que, d'après l'idée du législateur, l'authenticité, qui est exigée dans les subrogations, constitue une solennité essentielle à leur perfection, comme l'authenticité requise pour les conventions d'hypothèque ; en l'absence de cette formalité, les subrogations n'ont aucune force légale, tant à l'égard des parties elles-mêmes qu'au regard des tiers.

La femme peut consentir une subrogation par l'intermédiaire d'un mandataire ; la procuration qu'elle donne doit être passée en la forme authentique : en effet, il n'y a qu'en cette forme qu'aux termes de la loi les subrogations et renonciations peuvent être consenties.

L'art. 9 n'ajoute pas que l'acte par lequel le créancier accepte la subrogation doit être authentique; concluons-en que dans le cas où la subrogation a eu lieu hors de la présence du créancier, celui-ci pourra valablement accepter, par acte subséquent en la forme sous seing privé.

La protection que la loi cherche dans l'authenticité a surtout pour fondement la faiblesse de la femme ; le créancier bénéficiaire des sacrifices de la femme n'a pas besoin qu'on le protége.

Il ne faudrait pas décider, pour cela, que le notaire qui passe l'acte de subrogation peut, en l'absence du créancier subrogé, accepter valablement une subrogation consentie par la femme : l'acte perdrait son caractère d'authenticité. Le rôle de notaire n'est pas conciliable avec celui de mandataire ; l'officier public, qui comparaît à l'acte et comme notaire et comme partie, se frappe lui-même d'une incapacité dont la conséquence serait, aux termes de la loi de ventôse (art. 68), la nullité de l'acte ou absolue ou restreinte au point de vue de l'authenticité, suivant les circonstances.

On a dit cependant que lorsqu'un notaire accepte une obligation pour un créancier, c'est là une clause inutile et de style, dépourvue d'objet et qui ne peut pas vicier l'acte. Cette doctrine a été repoussée avec raison; le but que la loi recherche ne serait pas atteint; le notaire, qui doit éclairer la femme sur la gravité de l'acte qu'elle va accomplir, ne saurait remplir ce devoir, s'il se constituait en même temps le défenseur des intérêts du créancier bénéficiaire.

La femme peut, se rendant chez un notaire, déclarer qu'elle subroge en son hypothèque légale un créancier qu'elle désigne; l'acte valable comme offre ne contient qu'une simple pollicitation toujours révocable jusqu'au moment où elle aura été régulièrement acceptée.

Mais si elle déposait chez un notaire un acte sous seing privé contenant la subrogation, la subrogation serait nulle en ce cas. Il en serait autrement si la femme renouvelait dans l'acte de dépôt, que dresserait le notaire, la déclaration qu'elle subroge à son hypothèque le créancier désigné en l'acte sous seing privé.

La loi veut qu'en matière de constitution d'hypothèque l'acte soit passé en la forme authentique devant deux notaires ou devant un notaire et deux témoins. Dans les subrogations l'authenticité est exigée; mais le texte ne dit point que l'acte doit émaner d'un notaire. Les subrogations peuvent donc être valablement faites, non-seulement par-devant notaire, mais par-devant tout autre officier public ou tout juge compétent pour recevoir les déclarations des parties qui se rendent ou sont en instance devant lui.

Ainsi une transaction intervient devant le juge de paix siégeant comme magistrat conciliateur, la femme y consent en faveur de son créancier ou de celui de son mari une subrogation à son hypothèque légale; le procès-verbal dressé par le juge de paix sera pour le créancier titre suffisant.

L'authenticité de l'acte est exigée même dans le cas où la femme est veuve ou séparée de corps ; il est vrai qu'alors la femme est libre et capable de veiller elle-même à ses intérêts ; mais la loi n'admet aucune dis- un tinction.

Avant la loi de 1855, aucune mesure de publicité n'avait été prescrite pour porter au tiers la connaissance de la cession ou de la renonciation ; le rang des différents créanciers subrogés se réglait par la date des subrogations; on avait pensé que la femme n'étant pas obligée de s'inscrire, les subrogés, en son lieu et place, ne l'étaient pas non plus. Les cessions et renonciations étaient donc occultes comme l'hypothèque de la femme. La femme pouvait subroger dix créanciers et en tromper neuf, puisqu'elle pouvait consentir par acte sous seing privé une hypothèque d'abord à Primus, en faire cession ensuite à Secundus, qui ignorait la première subrogation. Quand un ordre venait à s'ouvrir sur les biens du mari, les créanciers subrogés étaient surpris de se voir si nombreux.

L'art. 9 de la loi du 23 mars 1855 dit que la cession ou la renonciation ne devient opposable aux tiers que lorsqu'elle est rendue publique de la manière déterminée par la loi ; l'art. 9 indique le procédé à suivre ; il varie suivant que l'hypothèque de la femme est ou n'est pas inscrite : Est-elle inscrite, on doit écrire la mention de la subrogation en marge de l'inscription. Si l'hypothèque n'est pas inscrite, le subrogé devra requérir directement à son profit l'inscription de l'hypothèque de la subrogeante.

Entre plusieurs créanciers subrogés, celui qui aura accompli la formalité le premier primera les autres; donc, aujourd'hui, les créanciers diligents, subrogés dans l'hypothèque légale d'une femme mariée, ne pourront plus être trompés.

Pour qu'il y ait un conflit de subrogations et que la préférence appartienne au créancier qui aura le premier accompli la formalité de l'inscription ou de la mention, il faut que la femme ait cédé à plusieurs personnes la même créance. Mais si, après avoir abandonné à un premier créancier une créance née pendant le mariage, elle fait ensuite cession à un second créancier de sa créance dotale, il est clair que ce second créancier viendra, quoique subrogé postérieurement, le premier dans l'ordre, puisque le droit affecté à sa sûreté est préférable à celui invoqué par le premier subrogé.

Ainsi donc, quand chacun des subrogés a obtenu la cession d'un droit particulier, et qu'il ne se trouve en concours sur ce même droit avec aucun autre cessionnaire, il n'y a plus à tenir compte de la date des inscriptions, et l'ordre se règlera entre eux, non d'après l'ancienneté des subrogations, mais d'après la nature des droits cédés.

Si deux cessionnaires accomplissent la formalité de la mention le même jour, ils viennent en concurrence: l'art. 2147 C. N. doit être appliqué; la mention n'est autre chose que l'inscription; elle est appelée à remplir le même but.

On a objecté que, de même que pour les transcriptions, l'ordre dans lequel les subrogations seront inscrites sur le registre du conservateur doit déterminer la préférence entre créanciers subrogés. « La disposition de l'art. 2147 constitue une dérogation au principe : *Qui potior est tempore, potior est jure.* » Or, les exceptions ne s'étendent point, même par analogie, d'un cas à un autre. »

Nous trouvons qu'il n'y a pas analogie seulement, mais identité complète : les inscriptions prises le même jour viennent en concurrence ; il s'agit ici d'une inscription ou d'une mention, ce qui revient au même ; le principe : « *Qui potior est jure, potior est tempore* » n'est pas applicable, puisque la loi y déroge par un texte formel.

De cette solution nous tirons les conséquences suivantes : la mention, comme l'inscription, est assujettie au renouvellement décennal, conformément à l'article 2154 C. N. ; elle devra contenir toutes les énonciations exigées pour la validité des inscriptions, telles que l'élection de domicile, l'indication des droits à conserver, ainsi que la date et la nature de l'acte de subrogation (art. 2148-2153).

Le subrogé doit présenter au conservateur l'original en brevet ou l'expédition de l'acte de subrogation ; l'un et l'autre, après la formalité remplie, doivent lui être restitués (art. 2150 C. N.). Le conservateur est suffisamment garanti par le bordereau qu'il retient.

Nous ne voyons pas pourquoi, dans le cas qui nous occupe, on suivrait les règles relatives aux mentions prescrites par l'art. 4 à l'égard des jugements qui prononcent la nullité ou la résolution des actes transcrits.

La mention est à la subrogation ce qu'est l'inscription relativement à l'hypothèque ; il est plus logique, pour lors, d'appliquer aux mentions de subrogation à l'hypothèque légale de la femme les règles particulières aux inscriptions. Le subrogé, conséquemment, devra présenter deux bordereaux, dont l'un restera entre les mains du conservateur qui remettra l'autre, après y avoir écrit la déclaration qu'il a été fait droit à la réquisition. La remise doit être inscrite sur le registre des dépôts. Alors est mise à couvert la responsabilité du conservateur, qui aura à répondre non des irrégularités contenues dans les bordereaux, mais des inexactitudes provenant de son chef. Il sera facile de voir à qui incombe la faute ; le conservateur et la partie ont chacun en main le titre qui constate la manière dont la formalité a été remplie.

Indépendamment des règles ci-dessus qu'il ne doit pas négliger pour sauvegarder ses intérêts, le subrogé doit veiller à ce que l'inscription soit renouvelée en temps utile, car la péremption de l'inscription entraînerait la péremption de la mention. Tout en renouvelant l'inscription au nom de la femme, il doit déclarer que ce renouvellement d'inscription n'est requis qu'à son profit exclusif : c'est le moyen de s'en assurer les effets sans y faire participer ses co-subrogés ou la femme elle-même.

En admettant que la subrogeante renouvelle elle-même l'inscription qui existe en son nom, le renouvellement profitera aux subrogés qui avaient opéré la mention en marge de l'inscription, si l'inscription en renouvellement comprend les mentions, ou si même, sans les reproduire, elle se réfère simplement à l'inscription primitive. Mais que décider si l'inscription destinée à renouveler reproduit les énonciations de l'inscription antérieure, mais sans rappeler en même temps les mentions qui s'y rattachent ? On a répondu que le renouvellement ne profite qu'à la femme. « La subrogeante, a-t-on dit, ne s'est point préoccupée de ses subrogés ; elle n'a songé qu'à elle ; c'est sa propre affaire qu'elle a gérée ; ce qu'elle a fait lui est par conséquent tout personnel. » C'est aussi notre avis ; le principe de publicité aurait à souffrir si on admettait l'opinion contraire : les tiers qui consulteraient l'inscription, y voyant toutes les énonciations exigées par la loi pour la perfection d'une inscription originaire, et la croyant alors complète, ne penseraient pas à remonter à l'inscription première : de là des erreurs qui pourraient leur porter préjudice. L'intérêt des subrogés veut que les subrogations soient de nouveau rendues publiques ; ils feront reporter la mention qui existe en marge de l'inscription originaire, en regard de l'inscription en renouvellement.

Quand le subrogé a rendu publique la subrogation, il est investi du droit qu'avait la subrogeante qui ne peut plus en disposer. Les tiers à l'égard desquels le subrogé est saisi par la publicité de la subrogation devront en tenir compte.

Un immeuble, par exemple, sur lequel porte en faveur de la femme une inscription qui contient en marge mention d'une subrogation, vient d'être saisi par un créancier du mari ; deux sommations doivent être adressées, l'une à la femme, l'autre au subrogé ; il faut pour cela que la femme et le subrogé aient fait élection de domicile, la première dans l'inscription, la seconde dans la mention. Supposons que l'immeuble est vendu par aliénation volontaire, la femme et le subrogé devront tous deux recevoir les notifications à fin de purge; l'un et l'autre ont le droit de surenchère.

Quand l'inscription n'aura été prise qu'au nom et dans l'intérêt du subrogé, la femme qui est restée sans manifester son droit sera privée des garanties que lui assure la publicité, tandis que le subrogé en recueillera tous les avantages.

La publicité de l'art. 9 a été organisée principalement dans l'intérêt des cessionnaires de la femme; si elle faisait défaut, tout autre créancier, en général, ne pourrait s'en prévaloir. Un cessionnaire a omis de requérir inscription ou de faire mettre en marge de celle préexistante la mention exigée; cette négligence profitera aux autres cessionnaires; mais les créanciers hypothécaires postérieurs du mari ne pourraient, pendant le mariage, tirer parti de cette omission; l'art. 9 n'a pas été édicté en leur faveur; où serait d'ailleurs l'intérêt pour eux? Le cessionnaire écarté, la femme reprendrait sa place et elle-même exercerait, à leur préjudice, son hypothèque légale; elle n'est point forcée de s'inscrire tant que dure le mariage.

Il peut se faire que le créancier subrogé ait intérêt à observer l'art. 9, bien qu'il ne se trouve pas en concours avec d'autres cessionnaires; le défaut d'inscription peut être invoqué par les créanciers hypothécaires du mari, si le conflit s'engage entre eux et le subrogé après l'expiration de l'année qui suivra la dissolution du mariage. La femme est tenue, aux termes de l'art. 8, de prendre inscription dans ce délai ; si elle ne le fait pas, son hypothèque ne date que du jour de son inscription ; elle sera primée par les créanciers hypothécaires qui se sont inscrits avant elle ; le subrogé est soumis aux mêmes lois.

Si, par un événement quelconque, le cours des inscriptions est arrêté (par la faillite du mari, par exemple, ou par son décès), les créanciers même chirographaires du mari auront le droit de soutenir que l'hypothèque qu'on leur oppose demeure à leur égard complètement inefficace.

Le défaut d'inscription peut en outre être invoqué par les créanciers chirographaires de la femme, si la subrogation n'a pas été inscrite, et ne peut plus l'être utilement.

Le cessionnaire qui n'a plus la faculté d'inscrire utilement l'acte de subrogation ne saurait exercer l'hypothèque légale de la femme, puisqu'il n'en a pas été légalement saisi ; il est un créancier chirographaire.

Les autres créanciers chirographaires ont le droit d'invoquer le manque de publicité ; ce sont des tiers dans le sens de l'art. 9 qui s'exprime d'une façon générale. Les termes restrictifs de l'art. 3 de la même loi de 1855 ne sont pas reproduits dans l'art. 9, tous les tiers peuvent se prévaloir de l'inexécution de la loi, les créanciers chirographaires comme les autres.

La différence de rédaction entre l'art. 3 et l'art. 9 se conçoit aisément. Tous les tiers, créanciers hypothécaires ou chirographaires, soit de la femme soit du mari, peuvent avoir intérêt à ce que le subrogé ne puisse opposer la subrogation dont il est le bénéficiaire. Les créanciers chirographaires de la femme, notamment, ont avantage à ce que l'hypothèque légale qui fait partie des biens de la femme et qui est, en conséquence, le gage commun de tous ses créanciers, ne soit pas affectée au payement d'une seule créance : voici pourquoi l'art. 9 s'applique à tous les tiers sans exception.

L'art. 3 a trait à la vente d'un immeuble et à la nécessité de la transcription ; il est facile de comprendre que ceux qui ont des droits spéciaux sur ces immeubles devaient seuls être admis à se prévaloir du défaut de transcription; que les créanciers chirographaires, n'ayant pas le même intérêt, devaient être écartés.

Un autre argument en faveur de la thèse que nous soutenons, à savoir que la subrogation non inscrite et ne pouvant plus l'être n'est même pas opposable aux créanciers chirographaires de la femme : l'inscription et la mention que prescrit l'art. 9 sont aux subrogations ce que sont aux hypothèques les inscriptions ordinaires. Il est reconnu que les hypothèques non inscrites demeurent inexistantes même au regard des créanciers chirographaires du débiteur qui les a constituées.

On objecte à cela que cette décision de la loi constitue une dérogation à ce principe : que les actes qui sont valables à l'encontre du débiteur qui les a passés le sont également, en général, à l'égard de ses créanciers chirographaires; sans doute, mais il n'en est ainsi que quand la loi n'en a pas disposé autrement; or, dans l'espèce, il est évident par la comparaison que nous avons faite entre l'art. 3 et l'art. 9 de la nouvelle loi que, par ces mots « à l'égard des tiers », la loi comprend tous les tiers sans exception, c'est-à-dire ceux qui ont intérêt, tels que les créanciers de la subrogeante.

Pour d'autres raisons le subrogé court les plus grands périls à garder sa subrogation secrète ; si les biens du mari sont saisis par ses créanciers, le subrogé ne sera pas prévenu de la poursuite ; il ne recevra pas les notifications ni offres afin de purger, s'ils sont vendus par aliénation volontaire; il ne sera pas appelé à l'ordre ouvert pour la distribution du prix ; la saisie et la vente n'en auront pas moins, cependant, quant à eux, des effets définitifs.

Quand le subrogé veut profiter de l'hypothèque, bien qu'elle soit demeurée clandestine, et dans le cas où il le pourra, il est soumis aux mêmes délais, aux mêmes déchéances que la femme elle-même.

Après la perte du droit de suite par l'effet des formalités de la purge, la femme ne peut se présenter sur le prix qu'à la condition de produire avant l'expiration du délai de l'art. 754, dans le cas où l'ordre se règle judiciairement, c'est-à-dire dans les quarante jours de la sommation, et elle doit se présenter avant la clôture, si l'ordre se règle amiablement. Les subrogés sont soumis aux mêmes prescriptions ; s'ils ont perdu le droit de suite, ils peuvent encore utiliser le droit de préférence en le produisant avant l'expiration des délais fixés par la loi du 21 mai 1858.

La loi du 23 mars 1855 indique deux formes particulières pour la publicité des subrogations : l'inscription et la mention.

On s'est demandé si c'était là deux formalités équivalentes qui, suivant les cas, pouvaient être employées distinctement, ou si, au contraire, elles devaient nécessairement concourir.

Il suffit de lire les termes de la loi pour lever toute espèce de doute à cet égard. Que dit l'art. 9? Les cessionnaires ne sont saisis à l'égard des tiers que par l'inscription de cette hypothèque prise à leur profit, *ou* par la mention de la subrogation en marge de l'inscription préexistante.

Le législateur prévoit deux hypothèses : la femme n'a pas inscrit son hypothèque légale ; le cessionnaire doit en requérir inscription à son profit. Au contraire, l'inscription existe ; le subrogé, pour être saisi à l'égard des tiers, n'aura qu'à demander que mention soit faite de la subrogation en marge de l'inscription prise au nom de la femme.

Il est bien clair que dans les expressions de notre article il y a une alternative ; la conjonction *ou* démontre suffisamment l'intention du législateur ; le subrogé y donne complète satisfaction en employant non les deux modes à la fois, mais l'un ou l'autre suivant que l'hypothèque est ou n'est pas inscrite.

M. Troplong n'interprète pas la loi, ainsi que nous venons de le faire ; il pense qu'il y a pour le subrogé deux formalités à remplir : « L'une, dit-il, est d'inscrire l'hypothèque de la femme à son profit ; l'autre est de mentionner la cession en marge de l'inscription. De sorte que les deux formalités se lient tellement ensemble que, dans la pensée de notre article, l'inscription est le moyen de parvenir ensuite à la mention de la cession. » Cette théorie est contraire au texte qui ne dit pas que la subrogation sera rendue publique par une inscription *et* une mention, mais bien par une inscription *ou* par une mention.

M. Mourlon soutient, dans son *Traité sur la transcription hypothécaire*, que lorsque l'hypothèque légale a été inscrite, la loi impose au cessionnaire le devoir, sans aucune alternative, de faire porter sa subrogation en marge de l'inscription de l'hypothèque légale. Il se fonde d'abord sur les termes mêmes de la loi ; quels sont-ils? nous les connaissons ; quand l'hypothèque cédée est inscrite au nom de la femme, « le cessionnaire n'en est saisi que par la mention de la subrogation en marge de l'inscription préexistante ». « Comment, dit-il, en présence d'une disposition aussi claire et aussi positive, soutenir encore qu'à ne considérer que les termes de la loi, le subrogé jouit d'une alternative et qu'ainsi il peut procéder, à son choix, soit par la voie d'une inscription de l'hypothèque légale, soit par la mention de la subrogation en marge de l'inscription précédemment faite au nom de la femme? »

Après cet argument, puisé dans le texte, M. Mourlon démontre à l'appui de son opinion que la publicité des subrogations par la voie d'une mention en marge de l'inscription de l'hypothèque cédée concorde avec la nature même des choses et qu'elle s'harmonise en outre parfaitement avec l'esprit général de notre droit.

La seule mention en marge de l'inscription déjà prise concorde avec la nature même des choses, dit-il d'abord. Une hypothèque légale inscrite résidait en la personne de la femme ; cette hypothèque est cédée ; quoi de plus naturel qu'en regard de l'inscription on relate la mention qui déplace le bénéfice de cette inscription? Si l'inscription subsistait, ne contenant que ses termes primitifs, ce serait un mensonge mis sous les yeux des tiers. L'hypothèque est déplacée; l'inscription ne doit pas rester au nom de la femme; autrement voici l'inconvénient qui se présenterait : les tiers, avant de traiter avec la femme, voulant savoir si une hypothèque légale est intacte entre ses mains, demanderont un relevé des mentions de subrogations qui se trouvent en regard de l'inscription ; le conservateur leur répondra qu'il n'existe aucune mention ; que de préjudices peut en résulter pour eux!

Pour démontrer ensuite que ce mode de procéder est en harmonie avec l'esprit général du droit, M. Mourlon passe en revue plusieurs cas particuliers où la loi prescrit la mention. Une acte translatif de propriété a été transcrit ; la mutation de propriété qu'il a opérée est rescindée ou résolue par un jugement ; la loi ordonne que mention du jugement soit faite en marge de la transcription de l'acte résolu ou rescindé (art. 4).

Un donateur demande, pour cause d'ingratitude, la révocation d'une donation immobilière ; sa demande sera notifiée aux tiers par une mention en marge de la transcription de la donation (art. 958 C. N.). Est-il possible, devant ces exemples, pris entre plusieurs, de ne pas reconnaître que la loi tient à ce qu'en marge de la transcription ou de l'inscription des actes publics se trouve une note indicative des changements et des modifications survenus dans ces actes?

Malgré toutes les bonnes raisons invoquées dans le système que nous venons d'exposer, nous croyons cependant devoir nous ranger à l'opinion contraire.

L'art. 9 exprime une alternative et se place dans deux hypothèses différentes. Bien qu'il dise que c'est par une mention que la publicité doit avoir lieu quand l'hypothèque légale a été précédemment inscrite, nous ne pensons pas que cette mention doive être forcément écrite vis-à-vis de l'inscription préexistante, lorsqu'une inscription directe aura déjà été requise pour les subrogations.

La loi, en parlant de mention, semble indiquer que c'est là le procédé le plus simple ; qu'au lieu d'employer l'inscription, on pourra se borner à la mention, ce sera suffisant.

Notre avis est donc que, dans cette seconde hypothèse de l'art. 9, la loi laisse au subrogé la faculté de prendre une inscription directe.

Qu'on n'objecte pas que les tiers qui veulent traiter avec la femme seule peuvent être trompés, parce qu'ils ne réclameront qu'un état des mentions de subrogations qui peuvent se trouver en marge de l'inscription existante, pour savoir si la femme a ou non conservé intact le bénéfice de son hypothèque inscrite.

Ce n'est pas de la sorte que les tiers procéderont. En supposant le cas même où les tiers ne traitent pas en même temps avec le mari, ils ne sauront si l'hypothèque légale est inscrite qu'en demandant un état des inscriptions qui grèvent les biens du mari; cet état leur apprendra l'existence et de l'inscription prise par la femme et de celle prise par le subrogé. Ce serait bien par leur faute que les tiers seraient induits en erreur.

Ils ont un autre intérêt à demander au conservateur cet état ; par l'état des inscriptions existantes, ils verront si les biens du mari sont grevés d'hypothèques antérieures au mariage et si l'hypothèque légale vient en rang utile.

Quant au motif invoqué en dernier lieu par M. Mourlon : la loi procède partout et toujours ainsi ; voici ce que nous avons à répondre : la mention est sans doute une fort bonne manière de procéder et complétement suffisante ; il s'agit seulement de savoir si, dans l'espèce qui nous occupe, elle ne peut être remplacée par un équivalent.

Dans les exemples cités plus haut, dans celui notamment où il est parlé du cas où un jugement a rescindé ou résolu la mutation de propriété opérée par un acte transcrit, il était bien difficile au législateur d'employer un autre moyen que la mention, pour porter à la connaissance des tiers, ce jugement qui prononce la résolution d'un acte translatif de propriété et qui a été transcrit. La loi n'aurait pu ordonner la transcription, par exemple, sans aller contre la règle qui veut que les jugements ne soient pas sujets à la transcription. Il est, en outre, une remarque à faire : c'est que la loi n'a prescrit ici que le mode de la mention et n'a pas laissé, comme pour les subrogations, la faculté de prendre une inscription distincte ou d'opérer la mention; or nous avons démontré que l'inscription directe produira, aussi bien que la mention, une publicité qui garantira les tiers.

Quand l'hypothèque légale cédée à un créancier nanti d'une hypothèque conventionnelle n'a pas été inscrite, le subrogé peut-il inscrire cette hypothèque à son profit accessoirement à l'hypothèque conventionnelle, ou une inscription doit-elle être prise principalement pour l'hypothèque légale ? En d'autres termes, le subrogé, qui a tout à la fois une hypothèque conventionnelle sur les biens du mari et la garantie d'une subrogation dans l'hypothèque légale de la femme peut-il inscrire collectivement ces deux hypothèques? M. Troplong tient pour l'affirmative. La publicité, que la loi du 23 mars 1855 a prescrite, est suffisamment assurée par l'observation des art. 2148 et 2153 C. N.; par l'accomplissement des formalités contenues dans ces articles, l'intérêt des tiers est sauvegardé; en consultant les registres, les tiers y verront ce qui leur importe de savoir, tout ce que l'article 2153 ordonne de leur faire connaître. Donc une seule inscription et un seul bordereau seront suffisants; il y aurait des frais inutiles d'entraînés par une double inscription.

En faveur de cette opinion, on peut ajouter qu'il n'y a en définitive qu'une seule créance, laquelle est garantie par deux hypothèques. Exiger deux inscriptions, c'est doubler sans utilité les frais d'inscription et des états délivrés par le conservateur. En outre, deux inscriptions peuvent être préjudiciables au crédit du mari: car, étant séparées, on peut supposer qu'elles garantissent deux créances distinctes, pendant qu'elles n'existent que pour une seule. Le tableau des inscriptions notifié aux créanciers conformément à l'art. 2183 ne doit pas contenir l'indication de la nature des hypothèques ni faire connaître si telle inscription fait double emploi avec telle autre; il résultera de là que ce tableau ne présentant pas l'état vrai des choses, les tiers pourront être trompés sur l'opportunité d'une surenchère. La loi ne s'occupe pas de la procédure de la règle qu'elle établit; elle ne demande qu'une chose: c'est que l'hypothèque légale soit inscrite. A la pratique et à la jurisprudence le soin de découvrir le procédé le plus simple : or ce procédé n'est-il pas l'incription collective qui économise des frais, ménage le crédit du mari et ne met pas les tiers dans l'erreur ?

Les considérations précédentes sont bien sérieuses ; mais nous ne les trouvons pas suffisantes pour admettre la solution qu'elles commandent ; cette solution n'est pas strictement conforme à la loi.

Ce qu'il y a de certain c'est qu'une inscription doit être prise pour l'hypothèque conventionnelle et une autre pour l'hypothèque légale, partant deux inscriptions. Mais peuvent-elles être prises cumulativement ? Nous ne connaissons rien dans les textes qui ait trait à une inscription collective pour deux hypothèques distinctes. Doit-on adopter, alors, dans le silence de la loi, un mode de procéder arbitraire ? Ce serait s'exposer à des difficultés nombreuses. Il résulte de la simple lecture des textes qu'il y a deux inscriptions distinctes à prendre, et en conséquence deux bordereaux à dresser; nous observerons ponctuellement la loi, écartant des moyens, il est vrai, plus rapides, mais plus dangereux.

En admettant que l'hypothèque légale puisse être inscrite à la suite de l'hypothèque conventionnelle, il arrivera souvent que les tiers ne poursuivront pas la lecture jusqu'au bout et qu'ils ignoreront si l'inscription contient une subrogation à l'hypothèque légale. Il y a donc un grand inconvénient dans l'inscription collective : l'hypothèque légale n'est pas assez en relief; elle n'apparaît pas après toutes les clauses relatives à l'hypothèque conventionnelle. Ce n'est pas répondre aux intentions du législateur qui exige une publicité complète, qui réclame une inscription spéciale. On a bien dit que, pour protéger les tiers, on sacrifiait les créanciers, en faisant retomber sur ces derniers la négligence et l'inattention dont les premiers sont seuls coupables. Les tiers ont la faculté de tout voir en une seule inscription; s'ils ne prennent connaissance de tous les renseignements qui sont mis sous leurs yeux, ils ne peuvent s'en prendre qu'à eux-mêmes. D'autre part on objecte qu'il y a bien plus d'inconvénients dans le système des inscriptions distinctes. Les tiers, se guidant sur l'état des inscriptions pour connaître la position du débiteur, ne la verront pas au juste, au milieu d'inscriptions diverses, dans lesquelles ils retrouveront à plusieurs reprises le chiffre de la même créance.

A cela, nous devons dire qu'un créancier attentif démêlera sans peine quelles sont les créances garanties par une double hypothèque, s'il examine avec soin l'état des inscriptions que lui remet le conservateur.

En définitive, la loi ne précisant rien, il faut adopter la manière de procéder qui devra le mieux atteindre le but de publicité qu'elle a en vue.

Une hypothèque qui, par sa nature et son origine, diffère de celle accordée en même temps au créancier sera plus apparente, inscrite séparément que noyée dans une même inscription avec une autre hypothèque.

Nous trouvons dans le Code une application de la règle que nous voudrions voir suivre dans notre espèce. La transcription, d'après l'art. 2108, produit le double effet suivant : elle consolide la propriété aux mains de l'acquéreur et, en second lieu, consacre le privilége du vendeur. Pourquoi le conservateur doit-il prendre une inscription d'office? On a pensé que la clause d'où résulte le privilége était perdue parmi les détails de transcription. La loi a voulu que le privilége fût porté séparément sur le registre des inscriptions, pour être mieux mis en lumière. Ne semble-t-il pas dès lors que les préoccupations du législateur se font connaître et que son intention présumée se révèle? Une subrogation mentionnée dans l'inscription d'une hypothèque conventionnelle a moins chance d'être remarquée que si une place distincte lui était réservée sur les registres. De là, il suit que dans l'intérêt de la publicité, en l'absence de toutes règles, il faut adopter le procédé qui réalise le mieux le but que s'est proposé le législateur.

Dans le système contraire, où il en est tout différemment, voici, entre autres dangers, celui des bordereaux et des inscriptions collectifs : une femme, après avoir consenti une hypothèque conventionnelle sur ses biens, subroge un créancier à son hypothèque légale; ceux qui soutiennent une opinion contraire à la nôtre décideront évidemment que la seule inscription de l'hypothèque conventionnelle suffit. Si les biens du mari ne sont pas situés dans le ressort du même bureau que les biens personnels de la femme, il arrivera que l'hypothèque légale sera inscrite dans un ressort où le mari ne possède aucun immeuble; aucune inscription n'étant prise dans le bureau de la situation des biens du mari, les tiers seront infailliblement trompés.

On dira peut-être que l'inscription devant toujours être opérée au bureau de la situation des immeubles, deux inscriptions et deux bordereaux sont ici nécessaires; que c'est se placer hors du cas prévu, celui où il faut prendre une double inscription dans le même bureau. Cet exemple démontre au moins que le système d'une inscription collective souffre exception dans certains cas et que, par suite, il ne pourrait être accepté comme une règle sûre pour la publicité.

Le projet de réforme hypothécaire proposé en 1851 autorisait formellement l'emploi de l'inscription collective, en s'exprimant ainsi : « Le cessionnaire d'une hypothèque légale n'en est saisi à l'égard des tiers que par la mention en marge de l'inscription de l'hypothèque légale, *si elle a été prise*, et, si cette inscription n'existe pas, par l'énonciation du droit qu'il tient de la femme soit *dans l'inscription de sa propre créance* contre le mari, soit dans une inscription spéciale ». La loi actuelle n'a pas reproduit les termes du projet, elle n'indique qu'un seul mode de publicité. Que faut-il conclure? L'alternative qui existait pour le subrogé, quand l'inscription n'a pas été prise, est écartée.

Nous devons dire, en terminant, que la jurisprudence semble jusqu'à présent vouloir se rallier de préférence à la théorie de l'inscription collective.

Suivant l'opinion qu'on adoptera, il faudra ou qu'un seul ou que deux bordereaux soient dressés : un seul bordereau, si on est d'avis qu'une seule inscription suffit; deux bordereaux, si on décide que deux inscriptions sont nécessaires.

Les conservateurs doivent inscrire les bordereaux tels qu'on les leur présente; ils restent étrangers au débat. Ils ont seulement le droit d'exiger la représentation du titre sur lequel les requérants s'appuient pour demander l'inscription de la subrogation (art. 2148-2152 C. N.); et si la subrogation n'existe pas, ils peuvent se dispenser d'inscrire.

Quand l'hypothèque de la femme n'a pas été inscrite, l'inscription que le subrogé doit prendre à son profit doit-elle contenir le chiffre des créances liquides de la subrogeante contre son mari? La question a été résolue de différentes façons.

Pour les uns, il suffit de prendre une inscription comprenant d'une manière générale la dot et les conventions matrimoniales portées au contrat de mariage, sans indiquer la nature des droits à conserver ni le montant des sommes liquides, objet de ces droits.

Il en est d'autres, au contraire, qui veulent qu'on énumère avec soin, dans l'inscription, tous les droits déjà nés au profit de la femme, avec leur origine et le montant de la somme due, s'il est connu.

Cette dernière manière est seule conforme à la loi : c'est donc la seule qu'on ne puisse critiquer.

La loi veut, en effet, que l'hypothèque qui reste occulte, tant que le mariage subsiste, soit rendue publique par une inscription, lorsqu'elle est cédée ou lorsqu'une année s'est écoulée depuis la dissolution du mariage; l'hypothèque légale rentre dans le droit commun; le subrogé doit la porter à la connaissance des tiers. Quoique cédée, elle n'en est pas moins une hypothèque légale; or, l'art. 2153, qui régit l'inscription de ces sortes d'hypothèques et s'applique aussi bien au cas où le subrogé inscrit lui-même qu'au cas où la femme, devenant veuve, prend inscription dans l'année qui suit la dissolution du mariage, veut que les bordereaux contiennent la nature des droits à conserver et le montant de leur valeur, quant aux objets déterminés.

Le subrogé, on le voit, doit donc prendre une inscription contenant l'énumération des droits à conserver, ainsi que le montant des créances liquides de la femme.

On pourra objecter que ce sont là des renseignements difficiles à obtenir ; mais un créancier vigilant réclamera de la femme, au moment de la cession, un état des divers droits qui font l'objet de la subrogation ; avec ces documents, il sera à même de répondre au vœu de la loi.

L'inscription sera-t-elle nulle, si elle n'est pas exactement conforme aux prescriptions de l'art. 2153?

Voyons d'abord quels sont les principes en matière de nullité des inscriptions : la loi n'a pas prononcé la nullité d'une manière expresse pour le non-accomplissement des formalités prescrites par les art. 2148 et 2153 : aussi on a été longtemps en désaccord sur les conséquences que devait entraîner l'omission dans l'accomplissement imparfait de l'une ou de l'autre de ces formalités.

On a dit d'abord que les dispositions des art. 2148 et 2153 étaient édictées, toutes sous peines de nullité; puis, une distinction s'est produite : on a admis deux catégories de formalités, les unes substantielles, les autres accidentelles ou secondaires.

L'omission des formalités substantielles entraînait, seule, la nullité. Mais alors la question de savoir quelles étaient les formalités qu'il fallait regarder comme substantielles fut vivement discutée.

On convint, cependant, de tenir comme substantielles celles qui sont indispensables pour produire des effets en vue desquels la publicité a été instituée.

Dans une inscription, est substantiel ce qui peut éclairer le prêteur de fonds ou l'acquéreur sur la position du débiteur ; il n'y a que l'omission de ces formalités qui puisse induire en erreur ceux qui veulent contracter avec ce même débiteur ; les autres formalités ne sont que secondaires.

Il résulte de ceci que l'indication des sommes pour lesquelles les immeubles du mari sont grevés est une formalité substantielle : car l'omission de cette indication est de nature à induire en erreur les intéressés.

On ne peut point en dire autant de l'origine et de la nature des droits à conserver ; où est l'intérêt, pour les tiers, de savoir si les droits cédés par la femme proviennent de sa dot ou d'une succession ? L'important est de connaître les sommes dues pour lesquelles l'hypothèque a été cédée.

Si le subrogé s'est engagé dans l'acte de subrogation à inscrire l'hypothèque légale au nom et dans l'intérêt de la subrogeante, il devra observer toutes les formalités prescrites par l'art. 2153, et, de plus, ajouter une élection de domicile particulier pour la femme ; celle-ci profitera alors de l'inscription : on devra lui adresser toutes les notifications prescrites soit à fin de purge, soit à fin d'ordre. Il faudra obtenir son consentement pour que le conservateur opère une radiation complète; du reste, ce consentement pourra être donné sans recourir aux formalités des art. 2144 et suivants; il ne s'agit pas ici de restriction à l'hypothèque légale.

La femme, malgré la radiation, conserve son hypothèque, puisqu'elle existe indépendamment de l'inscription, au moins tant que dure le mariage. Elle renonce à une inscription qu'il lui sera toujours permis de prendre plus tard.

Lorsque plusieurs créanciers ont été subrogés à l'hypothèque légale d'une femme mariée, celui qui a fait inscrire l'hypothèque est seul admis, conformément à la loi du 23 mars 1855, à en réclamer le bénéfice. Il a agi en vertu d'un droit personnel qu'il a exercé dans son intérêt exclusif, et, que, par conséquent, aucun autre créancier ne peut invoquer.

La solution de cette question découle de cette règle reçue en matière hypothécaire qu'un créancier ne peut utiliser pour sa propre créance l'inscription prise par un autre créancier, quand les deux créances sont distinctes et qu'il n'existe pas de lien qui rattache entre eux les droits en vertu desquels les deux créanciers ont agi.

Notre solution ressort aussi des principes qui régissent les subrogations (art. 9). Sous l'empire de la loi du 23 mars, on ne saurait avoir les doutes qui avaient pu s'élever sous le Code Napoléon. La préférence entre les divers subrogés n'est plus établie par la date des subrogations, mais bien par la date des inscriptions. Chaque subrogé est donc tenu de prendre une inscription pour conserver son rang, et dès lors un autre créancier, non inscrit, ne saurait profiter de cette inscription. Il résulte de la rédaction de l'art. 9, que le subrogé qui s'est inscrit prime celui qui n'a pas rempli la même formalité. L'inscription prise par le subrogé a un caractère individuel ; un autre créancier n'est pas autorisé à s'en prévaloir.

En un mot, les divers subrogés de la femme sont des tiers vis-à-vis les uns des autres. Ils ont des titres distincts par suite des subrogations qu'ils ont obtenues. Ils sont chacun investis de droits qui leur sont propres ; pour conserver ces droits, il leur faut une inscription : ils sont respectivement obligés d'en prendre une à leur profit. Donc, un subrogé qui ne s'est pas inscrit ne peut se servir de l'inscription prise par un co-subrogé.

Mais le droit du subrogé est-il tellement personnel et distinct de celui de la femme que l'inscription qu'il a prise ne peut être invoquée par elle ? La règle que nous avons rappelée plus haut, d'après laquelle la subrogation inscrite crée pour le créancier un droit propre dont aucun autre créancier ne saurait profiter, rapprochée du texte de notre article, qui veut que le subrogé prenne à son profit personnel une inscription, semble décider la question contre la femme.

La solution a cependant été repoussée par cette considération que le créancier, en requérant l'inscription, ne fait pas autre chose qu'inscrire l'hypothèque légale de la femme.

Mais on a vivement attaqué cette affirmation émanant de la cour d'Amiens (arrêt du 31 mars 1857). Comment justifier cette intervention du subrogé faisant ainsi les affaires de la femme ? Au moyen d'un mandat donné par la femme au subrogé pour requérir inscription? Comment en expliquer l'existence?

Quand la femme a consenti une subrogation, le résultat immédiat a été de mettre le subrogé aux lieu et place de la subrogeante. En même temps que le subrogé est saisi d'une partie des droits de la subrogeante, celle-ci est dessaisie de cette même partie. Il résulte de là qu'il est complétement inexact de prétendre en droit que lorsque le subrogé prend inscription à son profit, il fait inscrire l'hypothèque légale dans l'intérêt de la femme. Il faudrait supposer qu'elle a donné et retenu en même temps sa créance.

Dans tout cela, l'idée d'un mandat ne saurait exister; la convention par laquelle la femme cède tout ou partie de ses sûretés hypothécaires contre son mari, en est au contraire exclusive. Au moment où la femme cède son hypothèque, elle donnerait en même temps au subrogé mandat de l'inscrire au profit d'elle-même, de conserver pour elle cette hypothèque qui vient de cesser d'être sienne?

On ne peut voir d'ailleurs dans le contrat intervenu entre la femme et le subrogé les obligations réciproques du mandat (art. 1992 C. N.). Il faudrait dire que le tiers cessionnaire n'est pas libre d'agir; qu'il ne doit pas seulement se borner à inscrire son hypothèque conventionnelle, mais encore qu'il doit rendre publique l'hypothèque légale sous sa responsabilité.

Il ne faudrait pas non plus voir dans le subrogé un « *negotiorum gestor* »; le gérant, en effet, a la volonté de gérer l'affaire d'autrui et non pas la sienne propre. Quand le subrogé prend inscription, il est évident qu'il songe à son intérêt personnel et qu'il ne se préoccupe guère des affaires de la subrogeante. Il n'a point surtout intention de s'astreindre aux obligations du gérant d'affaires (art. 1372).

Par l'inscription, il est incontestable que le subrogé a en vue de conserver le bénéfice de l'hypothèque légale jusqu'à concurrence de la part des reprises de la femme dont il a obtenu la cession.

Mais si le subrogé requérait inscription au profit et au nom de la femme, ajoutant qu'il est subrogé dans l'hypothèque légale jusqu'à concurrence de sa propre créance, l'inscription évidemment profiterait à la femme. Nous voyons par là que la question doit être résolue suivant les circonstances et la manière dont l'inscription aura été prise.

Ainsi une inscription est prise dans l'intérêt propre et personnel du créancier et en son nom pour les créances dont il a obtenu la subrogation ; il n'est point parlé des droits qui peuvent appartenir à la femme ; celle-ci ne pourra se prévaloir de l'inscription. Le créancier subrogé ne s'est point occupé d'elle ; rien ne fait croire qu'il ait procédé comme simple créancier, et par suite des droits que lui confère l'art. 1166. D'un autre côté, l'art. 2139 ne donne le droit qu'aux parents de la femme et au mari d'inscrire l'hypothèque légale au nom de celle-ci. En dehors du cas de l'art. 1166, le créancier ne peut donc agir qu'en son nom personnel, puisqu'il agit en vertu d'un droit qui lui est propre.

Au contraire, si le subrogé prend inscription pour toutes les créances de la femme déclarant à la suite qu'il est subrogé dans l'hypothèque légale pour le montant de sa propre créance, la pensée qui résulte de l'article 1166 trouve ici son application; l'inscription profitera à la femme elle-même.

Nous allons facilement, à la suite des explications dans lesquelles nous sommes entré, décider quel parti doit prendre le conservateur si le subrogé, sans le consentement de la femme, demande à ce que l'inscription qu'il a prise soit radiée.

Si l'inscription a été prise dans l'intérêt du subrogé, si elle ne profite qu'à lui, il peut seul en donner main-levée. De même qu'il peut renoncer à son droit hypothécaire sans le concours de la femme, de même aussi, sans ce concours, il peut se désister de l'inscription qui est la manifestation publique de l'hypothèque. Le conservateur ne peut pas se refuser à une radiation totale et définitive; il ne peut en réserver les effets dans l'intérêt de la femme.

La jurisprudence avait admis la solution que nous venons de présenter. Les conservateurs délivraient des certificats de radiation pure et simple. Dès qu'il leur était remis une quittance donnant main-levée définitive de la part du créancier dans l'intérêt duquel l'inscription avait été prise, ils ne songeaient pas à accompagner cette radiation de réserves en faveur de la femme.

Voilà que la cour de cassation, par un arrêt du 2 juin 1858, reconnaît au conservateur le droit, sans distinction aucune, de se refuser à radier une inscription dont la main-levée n'est donnée que par le subrogé seul; à l'appui de sa décision, elle invoque les motifs suivants: la femme est intéressée à la conservation de son inscription; or, une radiation ne peut être opérée que du consentement de ceux qui y sont intéressés (art. 2157 C. N.). Le mari est obligé d'inscrire ; peut-il alors demander la radiation ? Non.

Nous répondons : la femme n'est pas intéressée à l'inscription ; en effet, l'hypothèque légale de la femme existe indépendamment de toute inscription (2134-2135 C. N.). L'art. 2136 confie, il est vrai, à certaines personnes le soin d'inscrire cette hypothèque ; ce n'est pas pour l'avantage de la femme, son hypothèque n'en subsiste pas moins avec ses effets ; mais c'est dans l'intérêt des tiers qu'il importe d'éclairer sur l'existence de cette hypothèque. Mais en outre les personnes désignées par les art. 2136 et suiv. ont seules le droit de procéder à cette formalité ; aucune autre personne ne doit intervenir : c'est ainsi que la jurisprudence n'a pas voulu étendre à la femme la disposition de l'art. 2139, qui admet, pour les mineurs, les amis à prendre inscription. La loi charge bien aussi le procureur impérial de veiller à ce que l'inscription de la femme soit prise ; mais parle-t-elle du conservateur ? Comment alors, en dehors du cas de l'art. 2108, celui-ci pourrait-il être autorisé à prendre une inscription d'office ? En définitive, cependant, le conservateur, qui, après avoir opéré la radiation sur la main-levée donnée par le subrogé, réserve expressément les effets de l'inscription en faveur de la femme, ne fait pas autre chose que prendre une inscription pour elle.

Nous allons maintenant signaler les graves inconvénients qui peuvent résulter pour la femme de l'inscription de son hypothèque légale.

Lorsque les immeubles sont restés aux mains du mari,

l'inscription que prendra la femme pendant le mariage nuira au crédit du mari, sans qu'il y ait utilité pour elle puisque son hypothèque n'a pas besoin d'inscription ; l'inscription qui sera requise ne fera qu'apporter une entrave à la prospérité de la société conjugale, dont la femme aura elle-même à souffrir. C'est déjà là un préjudice pour elle.

Mais un danger plus grave se présente : quand la femme prend inscription, le mari a le droit de demander la réduction aux termes des art. 2140 et 2145 ; il en usera, il ne voudra pas rester sous le coup d'une inscription par laquelle tous ses biens, tant à venir que présents, seront frappés.

L'hypothèque de la femme étant spécialisée, son gage hypothécaire est pour lors amoindri ; si, plus tard, de nouvelles créances naissent à son profit par succession, par donation ou par toute autre cause, son hypothèque n'en restera pas moins spécialisée ; tandis que le mari, tant que l'hypothèque légale n'est pas inscrite, n'a pas intérêt à exercer l'action en réduction.

Si nous supposons que les biens ont été aliénés par le mari, il résulte, de ce que l'inscription d'hypothèque a été réservée en faveur de la femme, que celle-ci n'a plus le droit de compter sur la notification qui doit lui être faite en personne, au cas de purge légale ; les formalités de la purge légale ne doivent, en effet, être accomplies qu'autant que l'hypothèque n'est pas inscrite (art. 2193-2195). L'acquéreur fera sa notification au domicile élu dans l'inscription dont l'effet a été réservé à la femme par le conservateur après mainlevée donnée par le créancier subrogé ; et, comme la notification n'intéresse plus un créancier désintéressé, qui, dans tous les cas, peut avoir son domicile éloigné du lieu où il avait élection de domicile; que, d'un autre côté, la femme peut également être absente de son domicile élu, il y a toutes les chances possibles pour que son droit périsse sans qu'aucun avertissement ne l'ait mise en demeure d'agir.

Nous reconnaissons cependant qu'il peut se présenter que la femme retire un avantage de l'inscription de son hypothèque. Dans l'année qui suit la dissolution du mariage, elle doit s'inscrire sous peine de perdre son rang hypothécaire (art. 8, loi du 23 mars 1855). Il paraît certain que, si elle laissait passer ce délai sans prendre inscription, elle pourrait se prévaloir de celle précédemment requise par le subrogé.

Cette observation, en la supposant vraie, ne peut légitimer la solution opposée à la nôtre qui reste au fond la même.

On ne saurait attribuer à l'inscription prise par le subrogé dans son intérêt propre, la faculté de sauvegarder les droits de la femme auxquels il n'a pas songé. Dans l'espèce principalement, on ne suppose pas qu'il lui est venu à l'idée de prendre une inscription pour la femme avec la pensée que cette inscription aura son utilité, si l'année qui suivra la dissolution du mariage se passe sans que la femme procède à l'inscription de son hypothèque.

Le mari est obligé de s'inscrire, dit l'arrêt de cassation : il ne peut donc pas demander la radiation.

A proprement parler, quand l'art. 2136 ordonne aux maris de rendre publique par une inscription l'hypothèque légale de leurs femmes, il n'impose pas une obligation puisque cette prescription n'a pas de sanction dans la loi. C'est à tort qu'on a considéré le mari stellionataire par le fait seul qu'il n'accomplit pas cette obligation. La loi dit, en effet, que les maris qui, n'ayant pas requis inscription, consentiraient ou laisseraient prendre des hypothèques sans déclarer expressément que leurs immeubles sont déjà affectés à l'hypothèque légale de la femme, seront réputés stellionataires.

La peine du stellionat, on le voit, n'est pas applicable au mari qui s'est abstenu de requérir l'inscription, mais au mari qui consent des hypothèques, sans faire de déclaration au sujet de l'hypothèque légale.

Il semble résulter, au contraire, de la loi que le mari a à choisir ou entre une inscription à prendre ou une déclaration expresse, quand il constitue l'hypothèque ; dès lors la loi paraît plutôt donner un conseil qu'imposer une obligation.

Le mari ne pourrait certainement pas faire radier une inscription prise par une des personnes que la loi charge de ce soin (art. 2136-2138).

L'inscription, dans notre espèce, a été prise sans droit par une personne qui n'avait pas qualité pour cela (nous raisonnons dans l'hypothèse où l'inscription du subrogé est l'inscription de l'hypothèque elle-même) ; or, le mari est intéressé à déférer aux tribunaux l'empiètement qui l'atteint dans ses prérogatives de mari. Les tribunaux, qui ne sauraient l'obliger à prendre inscription, ne pourraient lui refuser d'opérer la radiation d'une inscription prise contre lui et par une personne qui n'en avait pas le droit.

Il résulte donc que les motifs présentés par l'arrêt que nous citions, pour faire fléchir les conséquences naturelles qui découlent de ce que l'inscription prise par le subrogé est une inscription distincte, requise en son nom et en son propre intérêt, ne peuvent être adoptés. Concluons : si, après que les causes de la subrogation ont cessé, le mari demande la radiation de l'inscription autorisée par le subrogé, on ne peut invoquer, pour repousser l'action du mari, l'intérêt de la femme qui n'existe pas.

Lorsque l'inscription prise par le subrogé est générale, qu'elle s'applique à l'hypothèque entière de la femme, si on peut voir dans le subrogé qui a requis inscription l'ayant cause de la femme, agissant en vertu des art. 1166 et 2091 C. N., le conservateur n'est autorisé à ne radier qu'en ce qui concerne le subrogé désintéressé ; il doit réserver les droits de la femme.

DES MODES D'EXTINCTION

DE L'HYPOTHÈQUE LÉGALE DE LA FEMME MARIÉE.

L'art. 2180 énumère quatre modes d'extinction de l'hypothèque : 1° l'extinction de l'obligation principale ; 2° la renonciation du créancier à l'hypothèque ; 3° la prescription, et 4° la purge.

Extinction de l'obligation principale. Nous n'avons rien à dire sur ce point de particulier à l'hypothèque légale ; rappelons seulement que l'hypothèque légale de la femme cesse d'exister de plein droit, dès que le mari a tenu compte, même d'une manière fictive, aux héritiers de la femme, des sommes dont il était leur débiteur. Si le mari conserve, à titre de légataire en usufruit, la jouissance de ces sommes ; pour leur restitution, l'hypothèque légale de la femme ne pourra plus être invoquée par les héritiers.

Renonciation du créancier à l'hypothèque. Nous renvoyons à ce que nous avons dit, en traitant de la restriction à l'hypothèque légale et de la subrogation.

Prescription. La prescription ne courra pas contre la femme au profit du tiers détenteur d'un immeuble du mari, toutes les fois, comme le dit l'art. 2250, que l'action hypothécaire de la femme réfléchirait contre le mari. Il en serait autrement si le mari avait fait une donation ou s'il avait stipulé que l'action de la femme ne donnerait lieu à aucun recours contre lui. Il est extraordinaire que la loi protége plus spécialement le donataire : car pour la vente sans garantie, il sera trop difficile de trouver un acquéreur à cette condition ; cette clause n'est guère usitée.

En ce qui concerne l'accomplissement des formalités et conditions prescrites aux tiers détenteurs pour purger les biens acquis, quelques développements sont nécessaires.

DE LA PURGE DE L'HYPOTHÈQUE LÉGALE
DE LA FEMME MARIÉE.

La purge est un moyen, accordé aux tiers acquéreurs, d'affranchir les immeubles qu'ils détiennent des hypothèques qui les grèvent, par le payement d'un prix déterminé, accepté expressément ou tacitement par les créanciers hypothécaires.

L'hypothèque légale de la femme mariée peut être purgée comme toute autre hypothèque ; mais les formalités à suivre pour y arriver sont différentes, suivant qu'elle est ou n'est pas inscrite.

La procédure de la purge n'est point organisée pour les prêteurs de deniers ; elle ne peut avoir lieu qu'en cas d'aliénation. Donc, quelque intérêt que puissent avoir les bailleurs de fonds à faire disparaître les hypothèques qui les priment, c'est un privilége qui ne s'étend pas jusqu'à eux ; aux tiers détenteurs seuls appartient ce droit.

Une exception, cependant, a été introduite en faveur des sociétés de crédit foncier. Le décret du 28 février 1852 les obligeant à faire la purge des hypothèques, au moment où le contrat de prêt intervenait entre elles et l'emprunteur. La loi des 10 et 15 juin 1853 ne leur en fait plus un devoir, mais leur en accorde seulement la faculté. Le propriétaire d'immeubles, qui a besoin d'argent, ne trouve à emprunter que pour un temps fort restreint; quand arrive l'époque de rembourser les fonds qu'il a reçus, il doit recourir à un nouvel emprunt; ce sont pour lui des entraves, des frais dans la spéculation qu'il a entreprise.

Une institution a été créée qui offre un moyen de libération excessivement avantageux : l'emprunteur arrive à amortir insensiblement sa dette au moyen d'annuités. Pour rendre possible l'existence de cette institution, il fallait lui permettre de stipuler des garanties plus solides, plus sérieuses que celles accordées aux prêteurs ordinaires. De là l'exception toute particulière dont jouit seul le Crédit foncier.

Il peut se faire que l'hypothèque légale de la femme, nonobstant la dispense d'inscription qui lui est accordée, ait été inscrite à la diligence de l'une des personnes qui, aux termes de l'art. 2136 et suivants, ont qualité à cet effet.

Il est possible, au contraire, que l'inscription n'ait pas été requise.

Nous allons voir comment l'acquéreur doit procéder dans l'un et l'autre cas.

Admettons d'abord que l'hypothèque a été inscrite. On doit alors traiter la femme comme tout autre créancier; son hypothèque sera purgée par les moyens ordinaires.

Les formalités à remplir se trouvent édictées dans les art. 2181 et suivants du Code Napoléon; examinons rapidement les dispositions de ces articles. L'art. 2181 nous dit que les contrats translatifs de la propriété d'immeubles ou droits réels immobiliers que les tiers détenteurs voudront purger des priviléges et hypothèques, seront transcrits en entier par le conservateur des hypothèques dans l'arrondissement duquel les biens sont situés ; que cette transcription se fera sur un registre à ce destiné, et que le conservateur sera tenu d'en donner reconnaissance au requérant.

Notons, en passant, que cette prescription du législateur, qui, sous l'empire du Code Napoléon, n'avait pas de sens, a aujourd'hui une signification bien plus précise. A une époque où la vente était considérée comme transmettant la propriété vis-à-vis de tous, il était inutile de parler de la transcription, comme acte préliminaire de la purge. A quoi sert de publier un acte réputé connu de tous? Pour mettre les créanciers en mesure de délibérer sur le parti qu'ils ont à prendre? La notification du titre, qui doit être faite directement à leurs personnes, est bien suffisante et beaucoup plus efficace même pour atteindre ce but.

Depuis la loi du 23 mars 1855 au contraire, alors que la transcription opère seule la transmission de la propriété au regard des tiers, on comprend que, comme préalable obligé de la purge hypothécaire, le législateur désigne la transcription de l'acte translatif, qui, de même qu'elle opère le transport de la propriété, peut seule donner la faculté de purger.

Nous ne nous arrêtons pas aux dispositions naïves de l'art. 2182, où le législateur prend la peine de déclarer que « la simple transcription des titres translatifs de propriété sur le registre du conservateur ne purge pas les priviléges et hypothèques établis sur l'immeuble ; le vendeur ne transmet à l'acquéreur que la propriété et les droits qu'il avait lui-même sur la chose vendue ; il les transmet sous l'affectation des mêmes priviléges et hypothèques dont il était chargé », et nous passons à l'art. 2183. Le nouveau propriétaire n'a pas à attendre que les créanciers hypothécaires agissent contre lui ; il peut, aussitôt la transcription de son titre, leur faire connaître, par des notifications, sa volonté de purger (argument des mots « avant les poursuites » de l'article 2183). Mais se laisse-t-il devancer par les poursuites des créanciers : il est tenu de notifier, dans le mois au plus tard, à compter de la première sommation qui lui est faite.

A qui appartient le droit de faire l'extrait du titre et de composer le tableau que les notifications doivent contenir? Est-ce aux huissiers ou aux avoués? Une très-vive controverse s'est élevée sur ce point entre ces officiers ministériels. Il ressort de plusieurs arrêts que la difficulté est résolue en faveur des avoués.

La première des indications que doivent contenir les notifications à faire par le tiers détenteur est relative au titre du nouveau propriétaire. L'art. 2183 veut que l'extrait de titre contienne la date et la qualité de l'acte, le nom et la désignation précise du vendeur ou du donateur, la nature et la situation de la chose vendue ou donnée, et, s'il s'agit d'un corps de bien, la dénomination générale seulement des domaines et des arrondissements dans lesquels il est situé, le prix et les charges faisant partie du prix de la vente ou l'évaluation de la chose, si elle a été donnée.

Aux deux hypothèses réglées par l'art. 2183, il faut en ajouter une troisième, celle de l'art. 2192, qui porte dans sa première partie : dans le cas où le titre du nouveau propriétaire comprendrait des immeubles et des meubles, ou plusieurs immeubles, les uns hypothéqués, les autres non hypothéqués, situés dans le même ou dans divers arrondissements de bureaux aliénés pour un seul et même prix ou pour des prix distincts et séparés, soumis ou non à la même exploitation, le prix de chaque immeuble frappé d'inscriptions particulières et séparées, sera déclaré dans la notification du nouveau propriétaire, par ventilation, s'il y a lieu, du prix total exprimé dans le titre.

La seconde indication à donner est l'extrait de la transcription et l'acte de vente ; nous exprimerons mieux la pensée du législateur en disant le certificat de la transcription (l'extrait de la transcription ne pourrait être que l'extrait du titre, dont la notification est déjà ordonnée par le numéro précédent de l'article).

Enfin, dernière indication prescrite dans notre article : la notification comprendra un tableau sur trois colonnes, dont la première contiendra la date des hypothèques et celle des inscriptions ; la seconde, le nom des créanciers ; la troisième, le montant des créances inscrites.

Tout ceci dans le but de faire connaître aux créanciers leur rang hypothécaire ; quelles créances les priment ; s'ils ont intérêt à surenchérir.

Pour compléter ces notifications, le tiers acquéreur doit, aux termes de l'art. 2184, déclarer, par le même acte, qu'il est prêt à acquitter sur-le-champ les dettes et charges hypothécaires, jusqu'à concurrence seulement du prix, sans distinction des dettes exigibles ou non exigibles.

Si des irrégularités ou des omissions venaient à être commises dans ces indications, elles pourraient être opposées par les créanciers inscrits vis-à-vis desquels elles auraient été faites ; mais qu'autant qu'elles seraient telles que les notifications ne rempliraient pas leur objet ; qu'elles ne mettraient pas les créanciers à même de voir s'ils doivent ou non exercer leur droit de surenchère.

Après l'offre qu'a faite l'acquéreur, suivant les prescriptions de l'art. 2184, deux cas peuvent se produire : celui où les créanciers ont accepté ou n'ont point utilement refusé, et celui où, l'offre trouvée insuffisante, ils refusent et requièrent une surenchère.

Si les créanciers voient que leurs créances seront intégralement payées ou que la somme offerte paraît être la représentation de la valeur réelle de leur gage hypothécaire, ils adhèreront aux propositions du nouveau propriétaire ; et pour cela, ils pourront déclarer, d'une façon formelle, qu'ils se contentent du prix offert.

Ils ont encore l'acceptation tacite, celle que prévoit l'art. 2186 qui porte : A défaut, par les créanciers, d'avoir requis la mise aux enchères dans le délai et les formes prescrites, la valeur de l'immeuble demeure définitivement fixée au prix stipulé dans le contrat, ou déclaré par le nouveau propriétaire, lequel est, en conséquence, libéré de tous privilèges et hypothèque, en payant ledit prix aux créanciers qui seront en ordre de recevoir, ou en le consignant.

Le payement doit être fait aux créanciers d'après le rang de leurs inscriptions, s'ils sont d'accord entre eux sur leurs droits respectifs et sur l'ordre dans lequel ils doivent être payés ; mais si cet accord n'existe pas, le nouveau propriétaire n'est point tenu d'attendre ; il libère son immeuble par la consignation de son prix.

Nous arrivons à l'hypothèse où, le prix déclaré par le nouveau propriétaire étant non-seulement inférieur au montant des créances inscrites, mais à la valeur réelle de l'immeuble, les créanciers refusent les offres.

L'art. 2185 va nous apprendre la marche qu'ils doivent suivre : lorsque le nouveau propriétaire a fait cette notification (prescrite par l'art. 2183) dans le délai fixé, tout créancier dont le titre est inscrit peut requérir la mise de l'immeuble aux enchères et adjudications publiques, à la charge : 1° que cette réquisition sera signifiée au nouveau propriétaire dans les quarante jours au plus tard de la notification faite à la requête de ce dernier, en y ajoutant deux jours par cinq myriamètres de distance entre le domicile élu et le domicile réel de chaque créancier requérant ; 2° qu'elle contiendra soumission du requérant de porter ou faire porter le prix à un dixième en sus de celui qui aura été stipulé dans le contrat, ou déclaré par le nouveau propriétaire ; 3° que la même signification sera faite dans le même délai au précédent propriétaire, débiteur principal ; 4° que l'original et les copies de ces exploits seront signés par le créancier requérant, ou par son fondé de procuration expresse, lequel, en ce cas, sera tenu de donner procuration ; 5° qu'il offrira de donner caution jusqu'à concurrence du prix et des charges. Le tout à peine de nullité.

Au 2° de l'article précité, ajoutons la disposition finale de l'art. 2192 : le créancier surenchérisseur ne pourra, en aucun cas, être contraint d'étendre sa soumission ni sur le mobilier, ni sur d'autres immeubles que ceux qui sont hypothéqués à sa créance et situés dans le même arrondissement, sauf le recours du nouveau propriétaire contre ses auteurs, pour l'indemnité du dommage qu'il éprouverait, soit de la division des objets de son acquisition, soit de celle des exploitations.

Quand la réquisition de mise aux enchères a été utilement et régulièrement formée, on procède en justice à la revente des immeubles qui sont l'objet de la purge. En cas de revente sur enchères, dit l'art. 2187, elle aura lieu suivant les formes établies pour les expropriations forcées, à la diligence soit du créancier qui l'aura requise, soit du nouveau propriétaire. Le poursuivant énoncera dans les affiches le prix stipulé dans le contrat, ou déclaré, et la somme en sus à laquelle le créancier s'est obligé de la porter ou faire porter.

A la suite de la mise aux enchères, l'adjudication sera faite ou en faveur du nouveau propriétaire lui-même ou en faveur d'un tiers.

Si le nouveau propriétaire se rend adjudicataire, comme dernier enchérisseur, l'adjudication ne le rend pas propriétaire, elle ne fait que confirmer son droit de propriété, qui dérive de son titre d'acquisition. Aussi l'art. 2189 nous dit : L'acquéreur ou le donataire qui conserve l'immeuble mis aux enchères, en se rendant dernier enchérisseur, n'est pas tenu de faire transcrire le jugement d'adjudication.

Il est des sacrifices auxquels n'est pas tenu le nouveau propriétaire: il ne doit que son prix d'acquisition. L'acquéreur (2191) qui se sera rendu adjudicataire aura son recours tel que de droit contre le vendeur, pour le remboursement de ce qui excède le prix stipulé par son titre et pour l'intérêt de cet excédant, à compter du jour de chaque payement.

Quand l'adjudication a lieu au profit d'un autre que le détenteur, outre le recours qu'il a contre son vendeur, le tiers détenteur doit être indemnisé de tous frais: ce qui explique les termes de l'art. 2188 : l'adjudicataire est tenu, au delà du prix de son adjudication, de restituer à l'acquéreur ou au donataire dépossédé les frais et loyaux coûts de son contrat, ceux de la transcription sur les registres du conservateur, ceux de notification et ceux faits par lui pour parvenir à la revente.

Dans les explications qui précèdent, nous avons supposé que l'hypothèque légale de la femme était inscrite. Nous allons maintenant nous placer dans l'hypothèse où il n'a point été requis d'inscription.

C'est en présence de cette hypothèse que le Code a établi une purge spéciale qui a pour but, non-seulement de mettre la femme en demeure de surenchérir, mais aussi de la forcer à s'inscrire, si elle veut conserver ses droits dans leur plénitude.

Le siége de la matière se trouve dans les art. 2193, 2194 et 2195 du C. N.

Le législateur qui reconnaît, en faveur de la femme,

l'existence de l'hypothèque légale sans l'assujettir à l'inscription, ne pouvait prescrire, pour la purge de cette hypothèque privilégiée, les mêmes règles que celles qu'il édicte pour la purge des hypothèques ordinaires, qui doivent toujours être rendues publiques.

Ce système ordinaire de la purge ne saurait être suivi, quand il s'agit de l'hypothèque légale de la femme, puisqu'il a pour base des notifications faites aux créanciers, dont les droits sont révélés par des inscriptions.

Il fallait mettre les acquéreurs à l' ri de ces hypothèques occultes et les soustraire à des poursuites ultérieures, dont la crainte eût pu empêcher la circulation des biens.

L'art. 2193 commence par nous dire : pourront les acquéreurs d'immeubles appartenant à des maris, lorsqu'il n'existera pas d'inscription sur lesdits immeubles à raison des dots, reprises et conventions matrimoniales de la femme, purger les hypothèques qui existeraient sur les biens par eux acquis.

Comme la purge des hypothèques ordinaires, la purge légale est facultative ; elle est nécessaire, cependant, en ce sens qu'elle force à se montrer les hypothèques non inscrites et qu'il n'y a que par ce moyen qu'on peut arriver à les purger.

Ici se place tout naturellement la question suivante : L'hypothèque légale est-elle purgée par suite de l'expropriation forcée ? La Cour de cassation, après avoir adopté l'affirmative par plusieurs arrêts, s'était rangée à l'opinion adverse, depuis le 22 juin 1833. Elle exigeait que l'adjudicataire sur expropriation forcée remplit les formalités de la purge.

Aujourd'hui la difficulté n'existe plus depuis la loi du 21 mai 1858. La rédaction nouvelle de l'art. 717 C. Pr., qui décide que l'expropriation forcée purge par elle-même toutes les hypothèques, a mis fin aux controverses qui s'étaient élevées sur la question.

Les acquéreurs d'immeubles appartenant à des maris déposeront (art. 2194 C. N.) copie dûment collationnée du contrat translatif de propriété au greffe du tribunal civil du lieu de la situation des biens, et ils certifieront par acte signifié, tant à la femme qu'au procureur impérial près le tribunal, le dépôt qu'ils auront fait. Extrait de ce contrat, contenant sa date, les noms, prénoms, professions et domiciles des contractants, la désignation de la nature et de la situation des biens, le prix et les autres charges de la vente, sera et restera affiché pendant deux mois dans l'auditoire du tribunal.

A qui faire la signification, quand on ignore l'existence de la femme ou de ses représentants? Voici les formalités indiquées par l'avis du conseil d'État du 1er juin 1807 : formalités que tout acquéreur prudent ne manquera point de remplir, bien qu'il lui ait été possible d'observer toutes les prescriptions que nous avons énumérées plus haut : « Il sera nécessaire et il suffira, pour remplacer la signification qui doit leur être faite », (à la femme et à ses représentants), « aux termes de l'art. 2194, en premier lieu, que, dans la signification à faire au procureur impérial, l'acquéreur déclare que ceux du chef desquels il pourrait être formé des inscriptions pour raison d'hypothèques légales existantes indépendamment de l'inscription, n'étant pas connus, il fera publier la susdite signification dans les formes prescrites par l'art. 683, C. Pr., (nouvel art. 696). En second lieu, l'acquéreur fera cette publication dans ladite forme de l'art. 683 C. Pr. ou, s'il n'y a pas de journal dans le département, l'acquéreur se fera délivrer par le procureur impérial un certificat portant qu'il n'en existe pas ».

Toutes les précautions que prend la loi pour porter à la connaissance des tiers l'aliénation de leur gage hypothécaire n'atteindront pas le plus souvent le but : en effet, il sera probable que le dépôt fait au greffe du contrat translatif de propriété et l'affiche de l'extrait de ce contrat dans l'auditoire du tribunal resteront ignorés des parties intéressées.

D'un autre côté, est-il bien sûr que la notification faite à la femme lui parviendra ? Elle restera aux mains du mari qui a tout intérêt à ce que pareil avis ne soit pas connu de sa femme.

Nous avons dit plus haut que la purge permise seulement en cas d'aliénation avait été étendue exceptionnellement au contrat de prêt pour les sociétés de crédit foncier, par le décret du 28 février 1852 et la loi du 10 juin 1853. Voici, en ce qui concerne la matière qui nous occupe, le résumé des dispositions de la loi de 1853. Elle distingue le cas où les hypothèques sont connues et celui où elles sont inconnues. Pour le cas où les hypothèques sont connues, l'art. 19 dispose : « Pour purger les hypothèques légales connues, la signification d'un extrait de l'acte constitutif d'hypothèque, au profit de la société de crédit foncier, doit être faite à la femme et au mari ». L'art. 20 ajoute : « L'extrait de l'acte constitutif d'hypothèque contient, sous peine de nullité, la date du contrat, les nom, prénoms, profession et domicile de l'emprunteur, la désignation de la situation de l'immeuble, ainsi que la mention du montant du prêt. Il contient en outre l'avertissement que, pour conserver vis-à-vis de la société de crédit foncier le rang de l'hypothèque légale, il est nécessaire de la faire inscrire dans les quinze jours, à partir de la signification, outre les délais de distance ».

Les art. 21, 22 et 23 indiquent les personnes auxquelles doivent être faites ces significations, et de quelle façon, en distinguant à cet égard les cas où la femme a été ou n'a pas été présente au contrat de prêt formé avec la société, etc., etc.

L'art. 24 contient des dispositions applicables quand les hypothèques sont inconnues. Il prescrit une notification de l'extrait de l'acte constitutif d'hypothèque et au procureur impérial près le tribunal de l'arrondissement du domicile de l'emprunteur et au procureur impérial près le tribunal de l'arrondissement dans lequel l'immeuble est situé. L'extrait doit être inséré, avec la mention des significations faites, dans l'un des journaux désignés pour la publication des annonces judiciaires de l'arrondissement dans lequel est situé l'immeuble.

Revenons aux formalités de notre art. 2194, que nous avons déjà énoncées : une copie dûment collationnée du contrat translatif de propriété doit être déposée au greffe du tribunal civil du lieu de la situation des biens.

Nous voyons dans ce dépôt de l'acte au greffe une mesure prescrite par le législateur, analogue à celle qu'il ordonne, dans la purge ordinaire, relativement à la transcription du contrat hypothécaire ; c'est le préliminaire de la purge.

Est-il nécessaire que le dépôt soit fait par avoué? Nous ne voyons pas pourquoi ce serait pour eux un droit exclusif; le dépôt est aussi valable, fait par toute autre personne, même par la partie.

On s'est demandé si la signification doit être faite à la personne même de la femme. Plusieurs arrêts ont décidé, en s'appuyant sur l'art. 68 C. Pr., que la signification faite à la femme « parlant à son mari » était suffisante; nous croyons qu'elle doit être faite à la femme elle-même, car elle est en opposition d'intérêts avec son mari.

Après voir prescrit le dépôt de la copie du titre, les notifications à la femme et au procureur impérial et l'exposition du contrat dans l'auditoire du tribunal pendant deux mois, l'art. 2194 dit *in fine :* « Pendant lequel temps les femmes, les maris..., ,parents et le procureur impérial seront reçus à requérir, s'il y a lieu, et à faire faire au bureau du conservateur des hypothèques des inscriptions sur l'immeuble aliéné qui auront le même effet que si elles avaient été prises le jour du contrat de mariage, sans préjudice des poursuites qui pourraient avoir lieu contre les maris, ainsi qu'il a été dit ci-dessus, pour les hypothèques par eux consenties au profit de tierces personnes, sans leur avoir déclaré que les immeubles étaient déjà grevés d'hypothèques, en raison du mariage. »

Le point de départ du délai, dont il est ici question, varie suivant que les hypothèques légales sont connues ou inconnues : quand elles sont connues, le délai court à partir du jour où le contrat est exposé dans l'auditoire du tribunal; si elles sont inconnues le délai ne devra courir que du jour où les publications de l'art. 683 C. Pr. ont été faites ou du jour où le procureur impérial a délivré un certificat constatant qu'il n'existe pas de journal dans le département. Après la mise en demeure qui lui est constituée par les formalités de l'art. 2194, la femme a devant elle deux partis à l'un desquels elle s'arrêtera : ou elle s'inscrira dans le délai fixé, ou elle ne prendra pas d'inscription.

Supposons qu'elle s'inscrive. Est-ce qu'à la suite de l'inscription l'acquéreur devra faire les notifications de l'art. 2183, et la femme aura-t-elle, à partir de ces notications, un délai de quarante jours pour surenchérir ?

L'acquéreur, au contraire, n'aura-t-il aucune nouvelle notification à faire, et devons-nous décider que le délai de deux mois que la loi donne à la femme pour s'inscrire est aussi le délai dans lequel la surenchère doit être faite? Oui, le délai est le même, et pour surenchérir et pour prendre incription. Si la femme donc prend le parti de mettre une surenchère, lorsque ses biens frappés d'hypothèque auront été aliénés, elle doit exercer ce droit dans le délai de deux mois à elle fixé pour requérir inscription.

L'opinion contraire a bien cependant ses partisans, dont voici le raisonnement : L'art. 2194 porte que l'inscription prise dans le délai de deux mois produit les mêmes effets que si elle avait été prise au moment même de la naissance de l'hypothèque ; par l'inscription, la femme est donc mise dans la position de tout créancier inscrit ; or, quarante jours à partir de la notification de l'acquéreur sont accordés aux créanciers inscrits pour requérir la surenchère : pourquoi refuser à la femme les mêmes faveurs ?

De plus, si vous n'imposez pas l'obligation de faire à la femme la notification de ce tableau, qui lui fera connaître si facilement sa position, vous la mettez dans une condition plus défavorable qu'un créancier ordinaire ; vous violez, en conséquence, l'art. 2194. Vous l'obligez à se rendre au bureau des hypothèques pour prendre connaissance des charges qui grèvent l'immeuble. Pourquoi les notifications ne peuvent-elles pas être faites à la femme au moment où elles sont adressées aux autres créanciers ? C'est parce qu'il n'y a pas d'inscription qui révèle son hypothèque ; mais dès que ce défaut n'existe plus, quelles raisons de ne pas replacer la femme sous l'empire du droit commun, et de ne pas la traiter comme un créancier ordinaire ?

Nous nous en tenons à notre solution, le délai de deux mois dans lequel la femme doit prendre inscription est aussi celui dans lequel elle doit surenchérir. L'article 2195, qui, après les deux mois expirés, ne suppose aucun retard possible à l'ouverture de l'ordre, nous est un précieux argument. Il est probable qu'en reproduisant le délai unique de 1771, les rédacteurs du Code ont entendu que deux mois seulement seraient accordés pour tous délais ; de même que, sous l'empire de l'édit, la femme n'avait que deux mois pour surenchérir et former opposition.

Ajoutons enfin que deux chapitres distincts tracent les formalités de la purge ordinaire et celles de la purge légale ; ils n'ont pas besoin de se compléter l'un par l'autre. Il n'est pas parlé d'un délai spécial pour la surenchère dans le chapitre qui est relatif à la purge de l'hypothèque légale, pourquoi alors l'introduire ?

La femme n'exerce point ordinairement son droit de surenchère, dans la crainte de déplaire à son mari qui, en pareille occurrence, serait exposé à un recours en garantie de la part de l'acquéreur évincé.

S'il a été pris des inscriptions (art. 2195, *in fine*) du chef des femmes, et s'il existe des créanciers antérieurs qui absorbent le prix en totalité ou en partie, l'acquéreur est libéré du prix ou de la portion du prix par lui payée aux créanciers placés en ordre utile ; et les inscriptions du chef des femmes seront rayées, ou en totalité, ou jusqu'à due concurrence. Si les inscriptions, du chef des femmes, sont les plus anciennes, l'acquéreur ne pourra faire aucun payement du prix au préjudice desdites inscriptions, qui auront toujours, ainsi qu'il a été dit ci-dessus, la date du contrat de mariage ; et, dans ce cas, les inscriptions des autres créanciers qui ne viennent pas en ordre utile seront rayées.

Deux hypothèses sont prévues. Première hypothèse : la femme est primée sur la totalité de la valeur de l'immeuble par des créanciers antérieurs. L'acquéreur désintéressera les créanciers, et l'inscription de la femme qui ne vient pas en ordre utile sera rayée. Deuxième hypothèse : l'inscription de la femme arrive en rang utile sur la totalité ou sur une partie de la valeur de l'immeuble. On ne devra colloquer la femme que pour une somme qui puisse garantir ses droits même éventuels. Nous donnons la dénomination de droits éventuels à ceux qui, quoique existants au jour de l'aliénation de l'immeuble, ne sont encore que conditionnels ou indéterminés ; cette collocation ne sera que provisoire.

La radiation des inscriptions dont le rang est postérieur à celui de la femme ne doit être effectuée qu'avec la plus grande circonspection, parce qu'il peut se faire que les droits éventuels de la femme ne se réalisent pas et que ces inscriptions arrivent en rang utile.

L'acquéreur ne doit pas verser son prix au mari, puisque c'est le débiteur de la femme ; il ne se libérera pas non plus entre les mains de la femme ; elle n'a pas capacité pour recevoir. Obliger l'acquéreur à conserver les fonds, c'est lui imposer une charge bien lourde ; nous croyons qu'il peut les remettre aux créanciers postérieurs, à la charge de fournir caution pour la restitution, s'il y a lieu ; à défaut de créanciers postérieurs, nous admettons l'acquéreur à consigner les sommes.

Plaçons-nous dans l'hypothèse où il n'a pas été pris d'inscription du chef de la femme.

Si dans le cours des deux mois de l'exposition du contrat, lisons-nous au commencement de l'art. 2195, il n'a pas été fait d'inscription du chef des femmes, sur les immeubles vendus, ils passent à l'acquéreur sans aucune charge, à raison des dots, reprises et conventions matrimoniales de la femme et sauf le recours, s'il y a lieu, contre le mari.

Quand la femme n'a pas pris inscription dans le délai de 60 jours, ce défaut de publicité purge l'hypothèque légale ; peu importe le régime sous lequel la femme est mariée ; qu'elle soit majeure ou mineure ;

elle encourt une déchéance; son droit de suite est perdu ; mais, que décider relativement à son droit de préférence? Elle est déchue de son droit « sur l'immeuble » vis-à-vis de l'acquéreur ; en est-il de même de son droit « sur le prix » vis-à-vis des autres créanciers? La cour de cassation le déclarait aussi perdu ; plusieurs cours impériales, au contraire, le laissaient subsister.

Cette question, autrefois si vivement controversée et si diversement résolue, n'offre plus aujourd'hui qu'un intérêt historique en présence de la loi du 21 mai 1858.

Cette loi récente reconnaît aux créanciers à hypothèque légale, qui ne se sont pas inscrits dans les deux mois de l'exposition du contrat, le droit de venir se faire colloquer sur le prix; mais ce droit doit être exercé dans un délai déterminé et dans certaines conditions.

Pour connaître les prescriptions nouvelles de la loi du 21 mai 1858, il suffit de se reporter aux articles 717 et 772 du Code de Procédure civile.

POSITIONS.

DROIT ROMAIN.

I. Si les biens ont été aliénés par le mari, la femme n'a pas d'action réelle pour les reprendre entre les mains des tiers; les mots « *si tamen extant* » (L. 30 D. *de jure dot.*) doivent être ainsi traduits : « Si les biens existent encore entre les mains du mari. »

II. En présence des mots : « *et naturaliter in ejus permanserint dominio* » (Loi 30 au Code *de jure dotium*), on ne doit pas admettre au profit de la femme, pendant le mariage, l'existence d'un *dominium naturale* ou *dormiens* figurant à côté du *dominium civile* du mari.

III. La loi 54 D. *de jure dot.* de Gaïus a été insérée au Digeste avec l'intention qu'on lui donnât un sens général en harmonie avec la loi 30 au Code *de jure dotium;* mais tel n'était pas le sens que Gaïus lui donnait.

IV. L'estimation de la dot vaut vente en ce sens : 1° que les risques sont à la charge du mari; 2° que le mari, s'il est évincé, a, comme l'acheteur, l'action en garantie.

DROIT FRANÇAIS.

CODE NAPOLÉON.

I. La femme mariée à l'étranger avec un Français peut se prévaloir de l'hypothèque légale attachée au mariage, lors même que les prescriptions de l'art. 171 du Code Napoléon n'ont pas été observées.

II. La femme étrangère ou la femme française qui a épousé un étranger ne peut pas exercer son hypothèque légale sur les immeubles que son mari possède en France.

III. L'hypothèque légale de la femme mariée s'étend aux immeubles acquis par le mari depuis la dissolution du mariage, sans qu'il y ait besoin de prendre inscription tant que le délai d'une année n'est pas expiré.

IV. Bien que le mari ne soit pas majeur, la restriction de l'hypothèque légale n'en serait pas moins possible, si la femme elle-même est majeure. Les expressions de l'art. 2140 sont trop absolues : « Lorsque *les parties majeures* seront convenues..., etc. »

V. Bien que le mari offre des garanties suffisantes pour assurer l'efficacité de l'hypothèque légale, il ne peut, si la femme refuse son consentement, obtenir du tribunal une réduction.

VI. La subrogation à l'hypothèque légale de la femme mariée est un contrat de gage *sui generis*.

VII. Quand la femme a cédé une créance à elle advenue pendant le cours du mariage et qu'elle s'est réservé sa créance dotale, si elle a contracté solidairement avec son mari l'obligation à laquelle elle affecte en garantie sa créance hypothécaire, le subrogé aura le pas sur elle. L'hypothèque garantissant la créance dotale réservée primera au contraire celle abandonnée au créancier subrogé, s'il n'y a pas, de la part de la femme, obligation solidaire.

VIII. Quand un ordre est ouvert sur les biens du mari et que des créanciers chirographaires ne se présentent pas pour être colloqués, la femme n'a pas le droit de les faire entrer en ligne de compte pour diminuer le montant du dividende que doit toucher un créancier chirographaire en faveur duquel elle a consenti une renonciation simplement extinctive.

IX. Quand le bénéficiaire de la renonciation extinctive est un *donataire* ou un *acquéreur à titre d'échange* des biens grevés de l'hypothèque légale, la femme perd et son droit de suite et son droit de préférence.

X. Bien que l'art. 9 de la loi du 23 mars 1855 dise que c'est par une mention que la publicité de la subrogation doit avoir lieu quand l'hypothèque légale a été précédemment inscrite, il faut reconnaître au subrogé la faculté ou de prendre une inscription directe à son profit ou de faire inscrire la mention en marge de l'inscription préexistante.

XI. Le subrogé qui a tout à la fois une hypothèque conventionnelle sur les biens du mari et la garantie d'une subrogation à l'hypothèque légale de la femme ne peut pas requérir une inscription collective pour ces deux hypothèques.

XII. Après la mise en demeure qui est constituée conformément à l'art. 2194 par le tiers acquéreur d'un immeuble grevé de l'hypothèque légale, le délai de deux mois que la loi donne à la femme pour s'inscrire est aussi le délai dans lequel la surenchère doit être faite.

CODE DE COMMERCE.

I. L'hypothèque légale de la femme ne portera pas sur les constructions nouvelles faites sur un immeuble appartenant au mari lors du mariage.

II. Si le mari a obtenu par suite d'un partage la totalité d'un immeuble dans lequel il avait un droit indivis, à l'époque du mariage, l'hypothèque légale de la femme ne pourra frapper la part acquise ; l'art. 883 du Code Napoléon, opposable entre parties, ne peut être opposé aux tiers.

DROIT ADMINISTRATIF.

I. La monnaie est une marchandise et non pas un signe.

II. On ne doit pas considérer le caractère monumental d'une église pour le classer dans le domaine public.

CODE DE PROCÉDURE CIVILE.

I. La prohibition de l'art. 401 du Code de procédure ne s'applique pas à l'aveu ni au serment qui ont été constatés par le greffier dans une première instance périmée.

II. La possession annale n'est pas exigée pour l'exercice de la réintégrande ; la seule condition requise par la loi est la spoliation par violence.

CODE PÉNAL.

I. L'interdit légal peut se marier, faire un testament, reconnaître un enfant naturel.

II. L'homicide et les blessures résultant d'un duel, n'étant pas prévus par la loi, ne constituent pas un fait punissable.

Vu par le Président de l'Acte,
BAUDRY LACANTINERIE.

Vu par le Doyen de la Faculté,
O. BOURBEAU (O. ✻).

Vu par le Recteur de l'Académie,
Permis d'imprimer :
A. MAGIN (C. ✻).

« Les visa exigés par les règlements sont une garantie des principes et des « opinions relatives à la religion, à l'ordre public et aux bonnes mœurs « (Statut du 9 avril 1825, art. 41), mais non des opinions purement juridi- « ques, dont la responsabilité est laissée aux candidats. »

« Le candidat répondra en outre aux questions qui lui seront faites sur les « autres matières de l'enseignement. »

TABLE DES MATIÈRES.

POITIERS. — TYPOGRAPHIE DE HENRI OUDIN.

POITIERS
TYPOGRAPHIE OUDIN

www.ingramcontent.com/pod-product-compliance
Ingram Content Group UK Ltd.
Pitfield, Milton Keynes, MK11 3LW, UK
UKHW012209240726
13966UKWH00002B/665